Educomunicação

Coleção Educomunicação

- *Educomunicação: construindo uma nova área de conhecimento*
  Maria Cristina Castilho Costa e Adilson Citelli

- *Educomunicação: imagens do professor na mídia*
  Adilson Citelli

- *Educomunicação: o conceito, o profissional, a aplicação;
  contribuições para a reforma do Ensino Médio*
  Ismar de Oliveira Soares

Adilson Citelli (org.)

Educomunicação

Imagens do professor na mídia

Paulinas

Dados Internacionais de Catalogação na Publicação (CIP)
(Câmara Brasileira do Livro, SP, Brasil)

Educomunicação : imagens do professor na mídia / Adilson Citelli, (org.). – São
Paulo : Paulinas, 2012. – (Coleção educomunicação)

ISBN 978-85-356-3219-4

1. Comunicação na educação   2. Mídia   3. Professores - Formação
profissional   I. Citelli, Adilson.   II. Série.

12-06554   CDD-371.1022

Índices para catálogo sistemático:
1. Educomunicação : Imagens dos professores na mídia : Educação   371.1022

1ª edição – 2012

Direção-geral:
Bernadete Boff

Editora responsável:
Luzia M. de Oliveira Sena

Copidesque:
Ana Cecilia Mari

Coordenação de revisão:
Marina Mendonça

Revisão:
Sandra Sinzato

Assistente de arte:
Ana Karina Rodrigues Caetano

Gerente de produção:
Felício Calegaro Neto

Projeto gráfico:
Wilson Teodoro Garcia

Diagramação:
Manuel Rebelato Miramontes

Nenhuma parte desta obra poderá ser reproduzida ou transmitida por qualquer
forma e/ou quaisquer meios (eletrônico ou mecânico, incluindo fotocópia e
gravação) ou arquivada em qualquer sistema ou banco de dados sem permissão escrita
da Editora. Direitos reservados.

Paulinas
Rua Dona Inácia Uchoa, 62
04110-020 – São Paulo – SP (Brasil)
Tel.: (11) 2125-3500
http://www.paulinas.org.br – editora@paulinas.com.br
Telemarketing e SAC: 0800-7010081
© Pia Sociedade Filhas de São Paulo – São Paulo, 2012

Sumário

Apresentação.. 7

Imagens e representações dos professores: situando o problema........ 9
ADILSON CITELLI

A imagem do professor no rádio: aproximações,
representações e miragens reconstituídas..................................... 19
ANA LUISA ZANIBONI GOMES

Discurso da qualidade na educação e invisibilidade do professor 37
HELENA CORAZZA

Aula do crime: o discurso jornalístico e a imagem do professor 53
MICHEL CARVALHO DA SILVA

Nas telas da TV: a representação do professor na "Turma 1901".... 69
ELISANGELA RODRIGUES DA COSTA

Pro dia nascer feliz: imagens da educação brasileira..................... 85
MARIA DO CARMO SOUZA DE ALMEIDA

O professor na propaganda comercial: roteiros e marcas 103
ELIANA NAGAMINI

Ambiente escolar e a publicidade governamental 123
ROGÉRIO PELIZZARI DE ANDRADE

Estigma ou emancipação: da imagem do professor na web
à formação para a docência.. 141
SANDRA PEREIRA FALCÃO

Sobre os autores 163

Apresentação

Dos textos a seguir, à exceção de "Imagens e representações dos professores: situando o problema", os demais foram apresentados na XXXIV reunião anual do Congresso Brasileiro de Ciências da Comunicação (Intercom), tendo recebido algumas mudanças para esta publicação. Todos os artigos devem ser pensados no interior das reflexões em andamento no campo da comunicação/educação, ou educomunicação. Eles decorrem, portanto, de método de trabalho ancorado no intenso diálogo entre os autores que, em atitude colaborativa, debateram cada um dos textos, fazendo sugestões, aprofundando pontos, sugerindo bibliografia. Esta marca cooperativa e interativa como estratégia de produção do conhecimento científico vem sendo perseguida pela educomunicação.

De certo modo, os artigos apontam possibilidades de pesquisa que não se esgotam em temáticas como os vínculos entre *media*[1] e escola, leitura crítica da comunicação, entrada das novas tecnologias nos ambientes da educação formal, educação para os meios etc. O que se propõe aqui, conquanto a procedência e o diálogo evidente como algumas das questões acima, é verificar em que medida os professores, sobretudo aqueles do ensino básico, são representados pelos meios de comunicação. Para levar a termo este problema recorrente, os autores segmentaram vários dispositivos mediáticos, a exemplo do jornal, da televisão, do rádio, do cinema, da internet, da publicidade, da revista, realizando, a partir daí, uma série de pesquisas no intuito de identificar, descrever, analisar, comentar e promover conclusões acerca das formas como os professores são representados.

Os autores intentaram, considerando a provocação teórica referida à constituição da imagem ou da representação do professor, trabalhar o assunto tendo em vista determinado meio de comunicação. Ana Luisa Zaniboni Gomes fixou-se no veículo radiofônico em "A imagem do professor no rádio: aproximações, representações e miragens reconstituídas". Helena Corazza traz à luz a perspectiva enunciada pela revista *Veja* acerca da figura do docente e da própria educação formal, em "Discurso da

---

[1] O termo *media* designa os meios de comunicação, sendo a maneira como aparece grafado na maioria das línguas, inclusive em Portugal. É o masculino plural latino de médium. No Brasil tornou-se corrente a utilização de mídia, transformada em feminino singular. Mídia é a maneira como se pronuncia em inglês a palavra *media*. Neste livro foram respeitados os dois usos, conforme predileção dos autores. Daí os derivativos midiático ou mediático.

qualidade na educação e invisibilidade do professor". Michel Carvalho da Silva investiga acontecimento no qual um educador se envolveu, em uma cidade paulista, para entender os mecanismos que levam os meios de comunicação a estigmatizar o docente, em "Aula do crime: o discurso jornalístico e a imagem do professor". Elisangela Rodrigues da Costa examina o assunto em debate a partir da televisão, expondo os principais resultados de sua pesquisa, no texto "Nas telas da TV: a representação do professor na 'Turma 1901'". Maria do Carmo Souza de Almeida utiliza o documentário de João Jardim, *Pro dia nascer feliz*, para estudar como discentes e docentes se relacionam, que imagens fazem de si, como veem a temática educativa, no artigo *"Pro dia nascer feliz*: imagens da educação brasileira". Eliana Nagamini está dedicada a verificar como as linguagens publicitárias evidenciam a figura do docente, conforme se lê no artigo "O professor na propaganda comercial: roteiros e marcas". Rogério Pelizzari de Andrade verifica algumas propagandas institucionais objetivando entender como nelas o poder público representa os docentes, em "Ambiente escolar e a publicidade governamental". Sandra Pereira Falcão recolhe textos jornalísticos publicados pela web para compreender certos modelos de representação que acompanham a figura do professor, conforme se lê em "Estigma ou emancipação: da imagem do professor na web à formação para a docência".

Os textos reunidos não pretendem esgotar, em si mesmos, a pluralidade de questões suscitadas pela temática da representação e da construção da imagem do professor pelos meios de comunicação. O assunto é extremamente rico, diversificado e susceptível de uma série de incursões, tendo em vista alargar o escopo dos veículos a serem analisados. O que se buscou foi ao mesmo tempo analisar algumas situações concretas envolvendo a relação dos *media* com a exposição pública dos professores e indicar alternativas para alargar a pesquisa no âmbito da educomunicação.

Cabe registrar um agradecimento especial a Cláudia Bredarioli pela colaboração na organização do livro, promovendo a leitura dos artigos e elaborando os textos das orelhas e contracapa.

Adilson Citelli

Imagens e representações dos professores: situando o problema

ADILSON CITELLI

Ainda era confuso o estado das coisas do mundo, no tempo remoto em que esta história se passa. Não era raro defrontar-se com nomes, pensamentos, formas e instituições a que não correspondia nada de existente (Italo Calvino).

O tema da educação tem se apresentado de forma recorrente nos meios de comunicação. Tão recorrente como paradoxal, oscilando entre loas e impropérios, glorificação e opróbrio, constatações de que sem melhorias nas condições educativas formais o país conhecerá importante gargalo para o seu desenvolvimento. Colunistas, especialistas, gestores públicos, estão permanentemente nas páginas dos jornais, das revistas, dos canais de televisão, das emissoras de rádio, dos sites e blogs, promovendo análises, questionando ou ditando políticas referentes à educação. A esta abrangência de manifestações comparecem vozes variadas: ao lado de sentenças que decorrem de análises consistentes vicejam receituários mágicos, constatações de obviedades, proposições caricatas. A polifonia discursiva, malgrado a amplitude dos ecos que cria e do barulho que registra, prefere, ao menos tendo em vista os grandes veículos mediáticos, promover visões que indicam estar a educação pública beirando o caos, em sua sucessão de incompetência, descaso, ineficiência. As revelações que sustentam o argumento central incorporam desde as fragilidades formativas dos estudantes, passando pelos resultados dos exames para avaliar os diferentes níveis de ensino e indo, em tempos de profunda revolução tecnológica, à indefinição dos modelos educativos formais. O professor ocupa, quase sempre, lugar especial, estando afeito a discursos judicantes para os quais acorrem termos e expressões como desinteressado, leniente, malformado.

Nesta linha, o remédio para a cura dos males passa, cada vez mais, pela proposição de modelos que costumam transportar experiências empresariais em seu *continuum* prático e retórico, voltado aos temas da eficácia e da eficiência. Daí ser possível reconhecer nos discursos mediáticos vozes que vinculam a melhoria do ensino formal a tópicos como: remuneração dos educadores segundo cumprimento de metas, busca de produtividade e, recentemente, até uma incrível proposta de se cronometrar as aulas, de sorte que o docente distribua os tópicos disciplinares e atividades didático-pedagógicas de acordo com determinações do relógio – para o bom andamento desta nova invenção metodológica, são ofertados técnicos do Banco Mundial, nos cursos de capacitação dos docentes, para que estes operem competentemente a sincronia entre o ritmo dos ponteiros e a organização da aula.

Por certo não se trata de ofuscar os problemas vividos pela educação formal, que conheceu gigantesco crescimento nos últimos 30 anos, chegando, hoje, a 52 milhões de alunos no ensino básico e quase 6,5 milhões no superior, entre graduação e pós-graduação. A este inegável processo de ampliação do acesso à escola, é imperioso promover outro movimento, agora voltado aos ajustes que permitam um salto de qualidade no ensino. Tal procedimento, decisivo nesta que vem sendo chamada de sociedade do conhecimento, se impõe como desafio da maior relevância. Devem-se afastar, contudo, soluções fáceis para problemas complexos, as quais são ditadas, muitas vezes, por injunções pouco ou nada afeitas aos múltiplos requisitos dos processos educativos.

Como foi adiantada, a nossa preocupação neste texto diz respeito de modo mais direto à representação dos professores pelos meios de comunicação. Para tanto, partimos do pressuposto segundo o qual as formações discursivas sintetizam e expandem temas e figuras que sustentam os marcadores argumentativos em torno dos quais a imagem do professor será constituída. Ou, ainda, os *media* atualizam e reproduzem, segundo as suas estratégias de linguagem, determinados *topois*, ou *locus communis*, os tipos comuns de argumentação, conforme formulavam os mestres da retórica. Vale dizer, aquelas ocorrências discursivas (verbais ou não verbais) que geram, segundo cada caso, as estratégias de convencimento ou persuasão.

Em suas tópicas maiores os *locus communis* podem ganhar contornos de clichês, símiles, estereótipos e recebem tradução concreta, considerando o caso sobre o qual nos debruçamos, por exemplo, na figura do professor de avental, braços carregados de cadernos, ou, em chave negativa, sendo agraciado com sintagmas do tipo: por serem mal pagos, os docentes fingem que ensinam, assim como os alunos fingem que aprendem. Em lugar do profissional respeitado, reconhecido pelo saber, pelo labor de ensinar os nossos filhos, pela (ad)miração, sobreveio um tipo que vive à beira do ataque de nervos, da busca de licença médica, do baixo salário, da inapetência formativa.

Nesta direção, o discurso mediático elabora um ponto de vista padronizador da imagem do docente, que ao mesmo tempo sintetiza temas e figuras e os coloca em circulação social através dos diferentes veículos. Do procedimento evidenciado resultam representações acerca dos professores, sendo elas traduzidas em papéis sociais, configuradores físicos e afetivos, lugares de classe, campos de expectativas etc. E, não raro, de tais categorias decorrem estigmas – termo designador de pessoas socialmente indesejadas, marcadas por algum desvio condenável – que revelam os mecanismos de violência simbólica, conforme formula Pierre Bourdieu (2008).

As formações discursivas mediáticas que evidenciam determinadas imagens do professor operam a partir de matrizes argumentativas orientadoras dos processos de representação. O conceito de representação tem forte ancoragem na história do Ocidente e vem sendo desdobrado por várias áreas do conhecimento e diferentes compreensões teóricas. O tema percorre as perspectivas platônicas e neoplatônicas, as operações acerca do conceito de mimese, as releituras realistas do século XIX, as inflexões contemporâneas que identificam na representação e na própria imagem dimensões simbólicas ou mesmo substitutas do real.

Émile Durkheim encontrou no conceito de representação social, entendido como representação coletiva, um dos vetores decisivos para o desenvolvimento das ciências sociais dos fins do século XIX e começo do XX. Para o pensador francês, o mundo é feito de representações coletivas, sendo que elas traduzem

> a maneira pela qual o grupo se enxerga a si mesmo nas relações com os objetos que o afetam. Ora, o grupo está constituído de maneira diferente do indivíduo, e as coisas que o afetam são de outra natureza. Representações que não exprimem nem os mesmos sujeitos, nem os mesmos objetos, não poderiam depender das mesmas causas (1987, p. XXVI).

A visagem social das representações coletivas alcança as várias instâncias da vida, das instituições, a exemplo dos sistemas religiosos, das práticas ritualísticas, dos cultos. As representações acabam por envolver as relações entre os planos da significação, a realidade e as imagens daí decorrentes.

O conceito de representação, agora em chave proposta pela psicologia social, particularmente por Serge Moscovici, é visto a partir de dupla instância, ao mesmo tempo que atribui significações ao real. Assim, as representações sociais estão presentes nas crenças, conhecimentos, perspectivas que são geradas e compartilhadas por sujeitos no que se refere a um dado objeto ou situação social.

Moscovici formula que as representações mantêm vínculos próximos à realidade, sendo traduzidas em produções materiais, na linguagem, nas práticas de consumo, nos comportamentos dos indivíduos. Todas estas manifestações correspondem "por um lado, à substância simbólica que entra na elaboração, e, por outro, à prática que produz a dita substância simbólica, tal como a ciência ou os mitos correspondem a uma prática científica ou mítica" (MOSCOVICI, 1978, p. 41). Ao entender as formas atuais de representação como uma maneira – dentre outras – de explicar e interpretar, mas, igualmente, de produzir conhecimento, Moscovici agrega subsídio importante para ampliar o nosso debate no que tange à constituição das imagens dos docentes pelos *media*. Para ele, as representações funcionam como

> conjuntos dinâmicos, seu status é o de uma produção de comportamentos e de relações com o meio ambiente, de uma ação que modifica aquelas e estas e não de uma reprodução desses comportamentos ou dessas relações, de uma reação a um dado estímulo exterior (1978, p. 50).

Vale dizer, a representação diz respeito à construção (de imagens, se quisermos) e não à reprodução do que ocorre no mundo da vida.

Os meios de comunicação costumam proporcionar continuidade a esta falsa sensação de que o lido no jornal ou o visto na televisão expressam necessariamente o plano do vivido, do elemento dado; tal operação de encobrimento, ou de promoção do chamado efeito do real, foi bastante discutida por Roland Barthes a partir do conceito de ilusão referencial (1988). Isto é, entre os fatos, eventos, constatações, ocorrências, a serem apresentados ao destinatário – cuja expressão objetiva estaria calcada nos signos indiciais –, é instituído o processo narrativo, o ponto de vista, a inflexão analítica, valorativa. Neste movimento, o "pormenor concreto" (o fato, o "real") emerge como uma espécie de encontro fraudulento de

> um referente e de um significante: o significado fica expulso do signo e, com ele, evidentemente, a possibilidade de desenvolver-se uma *forma do significado* (...). É a isto que se poderia chamar *ilusão referencial* (BARTHES, 1988, p. 164).

A supressão ou falsa apresentação do "pormenor concreto", a abdução do significado, o desaparecimento dos conteúdos contingentes, a "carência do significado em proveito só do referente torna-se o significante mesmo do realismo: produz-se um efeito do real, fundamento desse verossímil inconfesso que forma a estética de todas as obras correntes da modernidade" (BARTHES, 1988, p. 164). Para o pensador francês, o esvaziamento do signo, assim como o seu afastamento do objeto, põe em causa a "estética secular da 'representação'" (BARTHES, 1988, p. 165).

É possível que o ponto mais radical atinente ao debate acerca da falsa demonstração da referência e mesmo do conceito de representação esteja em Jean Baudrillard. Segundo este autor, a verdade foi subsumida por simulacros e simulações, motivo pelo qual já não é mais possível apreender o sentido último das coisas, ao menos conforme tradicionalmente pensadas quando remetidas ao real. Deste modo, o simulacro, sendo um signo cuja única referência é ele mesmo, passa a constituir a sua própria realidade, não cabendo, pois, promover aproximações miméticas entre signos indiciais e o real. Nesta linha de argumento, sequer o conceito de representação pode ser acionado, visto que se tornou impossível saber o limite entre a imagem das coisas e as próprias coisas (BAUDRILLARD, 1985). Ou, nos termos da nossa discussão, o objeto representado e a representação restam indistinguíveis.

É possível que esteja em Michel Foucault um dos esforços mais sistemáticos para orientar os debates envolvendo o conceito de representação. A célebre análise do quadro "As meninas", de Velásquez, sendo exegese pictórica, é uma vigorosa formulação teórica acerca dos limites do mimetismo realista. Foucault ensina-nos que o pintor espanhol, ao compor a sua tela, elabora deslocamentos de visões e perspectivas que não apenas estruturam uma cena envolvendo a família de Filipe IV – tendo no centro a infanta Margarida Teresa de Habsburgo, com o seu séquito de damas de companhia, criados, anã, criança que mexe com um cachorro, a imagem do rei e da rainha da Espanha –, mas acrescenta comentários sobre o próprio ato de compor, revelando-se, criando no observador a sensação de estar diante de um produto artístico que põe sob suspeição os vínculos figurativos diretos entre signos e realidade. "Talvez haja, neste quadro de Velásquez, como que a representação da representação clássica e a definição do espaço que ela abre" (FOUCAULT, 1999, p. 32). Ou seja, há um componente lúdico de formas, linhas, volumes, cores, personagens, em que o pintor ao ver, se vê, diluindo os limites entre o que seria o procedimento mimético e a discussão sobre o ato mesmo da representação.

O diálogo de quem vê o quadro não se esgota, portanto, na cena e nas circunstâncias históricas que as envolve, mas se amplia para o ato/significado da composição e/ou da representação. Equivale dizer, é necessário entrar em um território que indaga acerca dos procedimentos voltados a representar a própria representação. Neste aspecto, deixamos o âmbito da mimese, da cópia, para identificarmos uma nova construção de algo que, em "As meninas", não diz respeito apenas a reis, rainhas, infantas, cachorros, anões, senão a uma nova cena remontada em uma tela reveladora da sua própria ordem constitutiva das imagens:

> Mas aí, nessa dispersão que ela reúne e exibe em conjunto, por todas as partes um vazio essencial é imperiosamente indicado: o desaparecimento necessário daquilo que a funda – daquele a quem ela se assemelha e daquele a cujos olhos ela não passa de semelhança. Esse sujeito mesmo – que é o mesmo – foi elidido. E livre, enfim, dessa relação que a acorrentava, a representação pode se dar como pura representação (FOUCAULT, 1999, p. 32).

Com isto, reencontramos o núcleo de nossa exposição, calcada na ideia segundo a qual os vínculos entre referente e objeto, imagem e realidade, devem ser pensados para além do que era entendido por expressão representativa. Ante tal proposição, desejamos criar um programa mínimo de trabalho que possa orientar teoricamente o conjunto de textos à frente, todos vinculando os termos imagem e representação ao modo como os *media* colocam em circulação social a figura do professor.

À busca de uma síntese, podemos afirmar que a linguagem, centralmente, promove a construção dos sentidos e dos seus efeitos. Este seria o cenário amplo no qual os meios de comunicação se movimentam. Ampliando um pouco o enunciado, é imperioso reconhecer que as imagens dos professores passam por tais processos de construção dos campos de sentidos, malgrado o jogo das representações incida sobre a existência de vínculos verdadeiros entre signo e objeto, representação e *continuum* representado, imagem e real.

Ao vermos, ouvirmos, lermos, acerca dos educadores, encontramos, como se verá nos textos a seguir, compósitos discursivos que promovem, quase sempre, o estereótipo, o modelo, o símile, dando sequência a uma estratégia de despiste que deseja esconder o fato de a representação ser, tão somente, representação.

O professor, dado, assim mesmo, como figura genérica, ganha, nos *media*, contornos discursivos modelares, cuja difusão pública registra vasta genealogia: indo da caricatura, passando pela constatação do desprestígio, da pura acusação de incompetência, inapetência profissional, até as versões apocalípticas do fim de uma espécie que poderíamos chamar de *homos docentis*. É possível, contudo, indicarmos – sem querer esgotar o assunto ou promover redução que tudo contém – duas grandes categorias organizadoras das matrizes narrativas constituídas para, nos termos mediáticos, representar a figura do professor: a comprovação e a predicação.

A representação comprovadora faz parte da massa dominante de informações postas em circulação diariamente pelos agentes mediáticos e que, de certo modo, naturaliza o real ou pretenso mundo por onde circulam profissionalmente os educadores. Neste segmento discursivo identificamos os pronunciamentos de editorialistas, especialistas em educação, agentes públicos, que tanto enumeram casos como fazem diagnósticos, ilações ou, apenas, comentários decorrentes de um problema havido aqui e acolá com professores e professoras, muitas vezes implicados em violência sofrida por parte de alunos, e também de ocorrências policiais resultantes de constrangimentos provocados por traficantes do bairro, da falta de preparo dos docentes para responder às atuais exigências dos processos de ensino, da relutância em considerar a presença das novas tecnologias da informação e da comunicação, das faltas excessivas, das greves.

Em contraparte, sob registro positivo, são indicadas as experiências de sucesso que servem de exemplos para demonstrar como, graças ao empenho e determinação do professor de matemática, da professora de geografia, da inovação de docentes ocupados em atividades interdisciplinares, é possível superar obstáculos e promover boa educação formal.

Vale dizer, o professor torna-se assunto do jornalismo impresso, televisivo, blogueiro, praticamente no mesmo diapasão dos acidentes de carros, mortes de celebridades, doenças de políticos, vitória do time de futebol, enchentes, ações dos sem-teto etc. O filósofo francês Guy Debord [1996] veria, nesta linhagem enunciativa, a permanência do processo geral que marca a sociedade do espetáculo. Tal fato parece explicar o motivo de os principais jornais brasileiros que tiveram no passado editorias e cadernos de educação, com profissionais respeitados por se dedicarem intensamente ao tema, cobrindo-o em seu vasto segmento, haverem-no relegado às colunas policiais ou econômicas. Evidencia-se, aqui, um dos paradoxos que citamos no início deste texto, pois ao encantamento dedicado à educação restam, apenas, notas de pé de página pouco ou nada correspondentes à importância unissonamente conferida ao assunto. Poder-se-ia considerar como sinônimo da representação, enquanto comprovação, o conceito de fato ou notícia, que ganha foros negativos ou positivos segundo o evento que servirá de indiciador para mostrar o que é o docente. Daqui tendem a ser excluídas as circunstâncias, os contextos, o caráter quase sempre metonímico do exemplo que conhecerá generalização. Tal movimento discursivo traz no seu interior o problema de fingir que não se trata de pura representação.

A representação predicativa funciona como outra importante tópica argumentativa do discurso mediático que elabora as imagens do professor. A ilusão da referência ou o efeito do real está orientado, agora, por um movimento que não apenas identifica sucessos e fracassos dos docentes, senão encaminha um conjunto de alternativas, sobretudo tendo em vista o diagnóstico da crise que marca a educação brasileira e dos que nela trabalham. As soluções, no geral, são orientadas por tecnocratas, administradores, operadores do discurso competente, nos termos formulados por Marilena Chauí (2000). Daí o acolhimento de esquisitices como as já referidas aulas cronometradas, o salário segundo o cumprimento de metas, as provas para verificar o domínio, pelo docente, dos conteúdos da disciplina que ministra, como critério para ascender em níveis da carreira. Enfim, existem dezenas de propostas formuladas através dos meios de comunicação pelos elaboradores dos discursos calcados na representação predicativa e que resultariam, caso fossem levadas a termo, em melhorias nas relações de ensino-aprendizagem.

Como se percebe, enquanto na representação orientada pelas constatações busca-se flagrar aquilo que seria um instantâneo do docente, à moda de um fotograma congelado, na representação predicativa o objetivo é propor políticas e alternativas para o sistema educativo voltadas, quase sempre, a promover termos como eficácia e eficiência. No jogo das predicações o único produtor discursivo que não comparece é o professor. À exceção de uns poucos casos e situações (a exemplo do filme de João Jardim, *Pro dia nascer feliz*, tratado em texto à frente), impressiona como, nas manifestações sobre os educadores que circulam nos *media*, faltam as vozes dos próprios ou de entidades a eles associadas, como os órgãos classistas. Aliás, estes, quando são invocados, tendem a ser deslegitimados e apresentados como sinônimos de um sindicalismo nostálgico e ultrapassado.

Em comum entre aquelas duas formas de representação está o fato de que os docentes emergem como personagens – eis aqui uma das projeções da ilusão do real – e não como sujeitos capazes de falar acerca das questões educativas que também os afligem. De certa maneira, os professores permanecem ao largo do debate público e dele, paradoxalmente, não participam como sujeitos reais, circundados pelas dinâmicas concretas que envolvem a complexidade do trabalho com o qual estão implicados. Em grande monta, os materiais disponibilizados pelos *media*, quando está em causa a construção de sentidos orientadora das imagens dos professores, lembram um canto mítico que se recusa a ingressar na História.

Referências bibliográficas

BARTHES, Roland. Da história ao real. In: *O rumor da língua*. São Paulo: Brasiliense, 1988.

BAUDRILLARD, Jean. *Simulacres et simulation*. Paris: Galilée, 1985.

BOURDIEU, Pierre. *A distinção*: *crítica social do julgamento*. Porto Alegre: Zouk, 2008.

BUCKINGHAM, David. *Media education. Literacy, learning and contemporany culture*. London: Polity, 2003.

CHAUÍ, Marilena. *Cultura e democracia: o discurso competente e outras falas*. São Paulo: Cortez, 2000.

CITELLI, Adilson. *Palavras, meios de comunicação e educação*. São Paulo: Cortez, 2006.

_____; COSTA, Maria Cristina C. *Educomunicação. Construindo uma nova área de conhecimento*. São Paulo: Paulinas, 2011.

DEBORD, Guy. *La Société du spectacle*. Paris: Gallimard, 1996.

DURKHEIM, Émile. *As regras do método sociológico*. São Paulo: Companhia Editora Nacional, 1987.

FOUCAULT, Michel. *As palavras e as coisas*. 8. ed. São Paulo: Martins Fontes, 1999.

MOSCOVICI, Serge. *A representação social da psicanálise*. Rio de Janeiro: Zahar, 1978.

A imagem do professor no rádio: aproximações, representações e miragens reconstituídas

ANA LUISA ZANIBONI GOMES

Assunto diário da grande mídia no Brasil, a educação vem adquirindo espaços maiores, mais qualificados e quase obrigatórios em noticiários jornalísticos. É tema de inúmeros programas de entrevistas, debates, variedades ou mesmo publicações especializadas.

Grupos de pesquisadores dedicados a analisar o quanto, onde e como a educação aparece na imprensa brasileira ratificam o comportamento ascendente no tratamento do tema, na última década (ANDI, 2009). Entretanto, as notícias que falam do professor são minoritárias nesta vastidão de informações sobre a educação. Quando focados, eles são geralmente apontados como responsáveis pela situação crítica da educação e pela baixa motivação de seus alunos (FERREIRA et al., 2009; FERREIRA, 2010).

Um dos possíveis motivos pelos quais a voz dos docentes fica, com frequência, fora da pauta da mídia é que muitos deles são proibidos de expressar livremente suas opiniões, alerta o "Guia de referência para a cobertura jornalística" (ANDI, 2009):

> Muitos professores ou diretores são proibidos – em função dos parâmetros legais que regulam as atividades dos servidores públicos – de expressar livremente suas opiniões para os jornalistas. Antes de fornecer qualquer depoimento para veículos de comunicação, esses profissionais precisam solicitar uma autorização às assessorias de imprensa. Mesmo quando são autorizados a falar, ainda assim, correm o risco de ser punidos, caso a opinião emitida seja considerada depreciativa. Por esta razão, em muitas ocasiões, a única maneira de conseguir o depoimento de um profissional da educação é apelando para o recurso do "off" (ou seja, sua identidade não pode ser revelada publicamente) (ANDI, 2009, p. 89).

Mas ainda que não seja essa "lei da mordaça" – presente até 2008 em dezoito estados brasileiros – o principal motivo a ocultar da mídia a face dos professores em atividade, é notório que a ausência dessas vozes, desses rostos e de suas histórias em muito prejudicou a qualidade da informação recebida pela sociedade sobre o entendimento do papel de um dos principais atores da nossa estrutura educacional.

É justamente este cenário, dimensionado para um contexto transdisciplinar da produção de sentidos, que nos motiva a refletir sobre como a imagem do professor aparece composta nos meios de comunicação de massa em nosso país e de que forma se dá a construção dessa representação.

Estudiosos da comunicação humana defendem que o ato de comunicar é uma das bases para a construção do conhecimento e da produção de sentido. Como bem aponta Marcuschi (2003), o mundo comunicado é consequência de ações discursivas nas quais o dizer é um modo dialógico e interativo de construir a realidade: "é fruto de uma operação que executamos cooperativamente sobre o mundo, num esforço de construí-lo discursivamente para nossos propósitos" (MARCUSCHI, 2003, p. 244).

Trata-se de reconhecer que os sentidos de um texto – aqui compreendido como qualquer tipo de comunicação realizada através de um sistema de signos, como define Koch (1984, p. 21) – provêm da enunciação retrabalhada a partir da relação do leitor com o seu mundo. Daí a importância de investigar, nesta multiplicidade simbólica e discursiva, a maneira pela qual se dá a construção de uma representação.

O assunto mobilizou nosso grupo de pesquisa, que tomou a si este desafio e, após definir lugares de prospecção, passou a discutir como organizar os diversos temas observados em cada uma das mídias, de forma a criar categorias comuns de análise e entendê-las como uma atividade discursiva.

O conceito de categoria foi inaugurado pela filosofia grega para explicar os parâmetros que criam as condições para a organização do mundo e que impõem uma classificação às coisas (CARDOSO DE OLIVEIRA, 2011). Em Marcuschi (2003), categorias são mais modelos sociais que mentais, tendo em vista seu processo de constituição: "são elaboradas no processo dinâmico de interlocução cooperativamente desenvolvida" (MARCUSCHI, 2003, p. 251). Como não há categorias naturais porque não existe um mundo naturalmente categorizado, é preciso criá-las, já que toda nossa expressão do mundo é mediada pelo conceito que se revela discursivamente. Para o autor, a recorrência pode ser considerada um parâmetro fundador de categorias: quando as situações empíricas cotidianas são contempladas em seus aspectos recorrentes, podemos ligá-las à própria condição humana; nossos conhecimentos armazenados são invocados por similaridade e com isso também determinam nossos próprios conhecimentos. Assumimos, pois, esta operação explícita para justificar a adoção da recorrência como forma de categorizar nossos temas de análise.

Mas o que de fato pretendemos neste artigo é relatar nossas primeiras aproximações com o objeto de pesquisa na mídia radiofônica e indicar respostas à problematização anunciada – como é composta a imagem do professor no rádio e de que forma se dá a construção dessa representação.

Nosso ponto de partida foi definir em que tipo de emissora e em qual gênero de programa radiofônico centralizaríamos nosso levantamento. Considerando que os lugares de prospecção apontados para o objetivo geral de pesquisa foram os meios de comunicação de massa, portanto, veículos grandes e de expressão regional ou nacional, optamos por trabalhar com emissoras comerciais e educativas e delas investigar programas com foco jornalístico. Levando em conta também a possível atuação da "lei da mordaça" até 2008, optamos pelo recorte cronológico a partir desta data. Outro elemento condicionante foi o acesso a material disponível em arquivos digitais e com possibilidade de indexação, a fim de facilitar a seleção de temas de nosso interesse direto.

Foi a partir desses referenciais que cogitamos trabalhar com reportagens de rádio inscritas no Grande Prêmio Ayrton Senna de Jornalismo de 2010, tradicionalmente focado na educação. Consultada a direção do Instituto Ayrton Senna – entidade organizadora e patrocinadora do prêmio – foi autorizada a consulta ao acervo e a reprodução digital do material pré-selecionado.[1]

Em 2010, ano de sua décima e última edição, o Ayrton Senna recebeu 1.516 inscrições de veículos de comunicação de todo o Brasil, com matérias produzidas e veiculadas entre os meses de janeiro de 2008 e dezembro de 2009. Das reportagens inscritas, 673 referiam-se à categoria jornal, seguida por televisão (274), revista (242), rádio (200) e internet (127).

Uma das grandes surpresas da edição, segundo seus organizadores, foi o aprofundamento dos desafios da educação nas reportagens de rádio,

---

[1] Este acervo reúne cerca de 12 mil produções inscritas ao longo da década de existência do prêmio. Por regulamento, os trabalhos passam por três etapas de seleção. Na primeira fase, são escolhidos até 15 de cada categoria: jornal, televisão, rádio, revista e internet. Na segunda, são definidos os 5 melhores por categoria. Os vencedores são finalmente eleitos por uma comissão julgadora. O júri é formado de jornalistas independentes, representantes de veículos de comunicação e especialistas em educação. Informações referentes ao GP estão disponíveis em: <http://senna.globo.com/institutoayrtonsenna/>.

reforçando o papel social desta mídia nas regiões do interior do país, ainda com forte tradição oral e muitos analfabetos em suas estatísticas. Nesta categoria concorreram duzentas matérias oriundas de 78 emissoras, dentre as quais educativas, públicas, comunitárias e comerciais, tanto AM quanto FM.

Na consulta que efetuamos junto a este acervo específico de rádio, em dezembro de 2010, pré-selecionamos 68 matérias (34% das inscritas na categoria), independentemente de terem sido ou não escolhidas pelas comissões julgadoras nas três fases decisórias. Os critérios preponderantes foram os registros dos títulos e assuntos nominados nas respectivas fichas de inscrição. Após cuidadosa audição, encontramos oito reportagens oriundas de cinco estações de rádio cujas pautas estavam, de fato, diretamente ligadas à figura do professor. Nossa amostra de pesquisa, portanto, reduziu-se a 4% do universo das duzentas matérias, referindo-se a 14% das 68 produções analisadas.

Desse modo, passamos a localizar e registrar os temas abordados nas matérias e os enfoques de cada reportagem – ou seja, os modos de considerar ou entender um assunto ou questão, conforme sintetizado na tabela 1. Em seguida, dedicamo-nos a analisar de que forma esses temas e enfoques foram utilizados para compor a imagem do professor em emissoras sediadas em municípios como Belo Horizonte (MG), Porto Alegre (RS), Brasília (DF), São Paulo e Campinas (SP).

Tabela 1: Material de rádio selecionado para pesquisa sobre a imagem do professor no rádio

Emissora	Matéria, série e/ ou programa	Principais temas abordados	Enfoque
Band News FM São Paulo, SP 90,9 MHz	"O papel do professor." Tema do programa Nossos filhos, edição de 05/09/2009	– trabalho do professor – papel do professor – cotidiano do professor	Fala do trabalho do professor e do papel de referência que desempenha na vida dos alunos. Apresenta também depoimentos de professores sobre como enfrentam questões cotidianas na sala de aula.
Câmara FM Brasília, DF 96,9 MHz	"Piso salarial para professor: conquista ou solução?" Tema do programa Trocando ideias, edição de 03/07/2008	– questões salariais – questões de carreira – valorização do magistério	Trata do projeto de lei que propõe um piso salarial para professores da rede pública como forma de revalorizar o magistério, combater a estigmatização da carreira docente e garantir qualidade do ensino.

UFMG Educativa Belo Horizonte, MG 104,5 MHz	"Reformulação do ensino médio." Matérias veiculadas no programa UFMG notícias, edição de 05/08/2009	– formação de professores	Discute a nova proposta do Ensino Médio e a necessária adequação da atual formação dos professores diante da interdisciplinaridade exigida nessa reformulação.
Band News FM Campinas, SP 106,7 MHz	"Desafios da educação: melhorar a qualidade da escola pública." Matéria veiculada no Jornal da Band News FM – 1ª e 2ª edição, de 10/02/2009	– avaliação de professores	Aborda o sistema de avaliação de professores no sistema público de ensino no estado de São Paulo. Atribui ao estágio probatório algumas melhorias na rede, como redução das faltas dos professores, estímulo à capacitação, melhoria do ambiente escolar, da criatividade e do aprendizado dos alunos.

Bandeirantes FM Porto Alegre, RS 99,3 MHz	"Violência nas escolas: causas, consequências e soluções." Série de três matérias veiculadas no programa Ciranda da cidade, de 04/06/2009	– questões de violência no ambiente escolar – perda da autoridade em sala de aula	A violência escolar é tratada a partir do ponto de vista de professores e alunos agredidos e de discussões sobre a falta de autoridade do professor na sala de aula.

Para efeito de análise, identificamos alguns temas ao redor dos quais os discursos jornalísticos desta nossa amostra se constroem: *trabalho, papel e cotidiano do professor, questões salariais e de carreira, valorização do magistério, formação e avaliação de professores, questões de violência no ambiente escolar* e *perda da autoridade em sala de aula*. Vamos, pois, percorrê-los através da descrição do *corpus* selecionado e analisá-los a partir de três eixos temáticos: (1) trabalho, (2) carreira e (3) cotidiano, considerando que são situações centrais e recorrentes da experiência profissional – incluindo, evidentemente, o magistério –, portanto, aptas a serem consideradas categorias de análise, neste nosso estudo.

Professores: imagens e representações

Na edição de 5 de setembro de 2009 do programa *Nossos filhos*, veiculado em dois horários diários na Band News FM de São Paulo, especialistas, professores e pais conversam e avaliam, em pequenos blocos de entrevistas, o trabalho do professor e o papel que desempenham na vida dos alunos. Sob o título "O papel do professor", o programa apresenta também depoimentos de docentes sobre o enfrentamento de suas questões cotidianas na sala de aula.

As pautas abordam o tema de forma ampla, com visão centro--sul – o foco territorial da audiência classe média da emissora, sediada na capital paulista. Para falar sobre formação de professores, escolha da profissão, remuneração docente, ética profissional, violência escolar e respeito à função docente, são entrevistados profissionais do Ensino Fundamental, Médio e Superior, diretores, mães de alunos e psicólogos, em localidades como Rio de Janeiro, Porto Alegre, São Paulo, Campinas,

Brasília e Belo Horizonte. Permeando as entrevistas, há fartos comentários e análises ao vivo da apresentadora e da especialista convidada em estúdio – dupla titular do programa.

De acordo com a entrevista de uma das coordenadoras da Faculdade de Educação da Universidade Federal do Rio Grande do Sul (UFRGS), o primordial na formação de um professor é saber identificar as dificuldades e as diferentes formas de aprendizado dos alunos, já que ao docente cabe decidir sobre o que e como fazer em sala de aula. Na Educação Infantil, segundo ela, é preciso compreender o universo da infância e saber dialogar com isso. No Fundamental, o professor deve contar com uma forte bagagem de cultura geral e saber introduzir essa vivência nas discussões com os alunos. No Ensino Médio, cabe a ele saber lidar com os conteúdos e aperfeiçoar a sua maneira de ensinar.

Indagado se a ética é relevante na profissão, um acadêmico da Pontifícia Universidade Católica de São Paulo (PUC-SP) reflete sobre o conjunto de valores e princípios que balizariam as ações do professor. Para o educador, é preciso saber distinguir entre o que é essencial e o que é fundamental: se o respeito entre professor e aluno, por exemplo, é um valor essencial, tem que ser buscado e defendido a todo momento.

A violência que vitima os professores é exemplificada com números do Ministério da Educação (MEC): em 2007, 40% dos da rede privada e 37% da pública já tinham sido agredidos fisicamente por alunos, ao menos uma vez na vida. Lesões corporais, tentativas de homicídio, homicídio e agressões com revólver, faca, canivete ou pedaços de madeira são citados por professores da rede privada do estado do Rio de Janeiro nos relatos sobre tipos de violência física sofridos em suas trajetórias docentes.

Nesse cenário da Band News FM, a coragem é reforçada e enaltecida como uma das qualidades imprescindíveis, atualmente, para quem quer abraçar a carreira. São exaltadas também a capacidade de equilíbrio emocional para decisões cotidianas e uma adequada formação para se adaptar ao tipo de aprendizagem exigido em cada um dos níveis do sistema educacional.

Fruto de uma série de reportagens sobre o quadro da educação no Brasil, o programa *Trocando ideias*, produzido e transmitido pela Rádio Câmara FM, de Brasília, em 3 de julho de 2008, é inteiramente dedicado a discutir o piso salarial nacional unificado dos professores da rede pública. O foco do programa é a desvalorização do magistério e os baixos salários, o que ocasiona falta de profissionais no Ensino Básico e a decadência da estrutura das escolas públicas, responsáveis por cerca de 80% dos estudantes do país.

Um quadro desanimador é apresentado logo no início do programa, em tom grave, sem efeito sonoro ao fundo: "humilhação, misto de tristeza, vergonha e falta de estímulo, salários de fome, total falta de estrutura nas escolas do Brasil". Ao longo da matéria, uma das ações urgentes destacada para romper com este quadro é valorizar o professor, a começar pelo seu salário. O aumento salarial estaria diretamente ligado ao aumento da qualidade de vida dos profissionais da educação, pois recuperaria o estímulo, o respeito e a dignidade da carreira, assim como um tempo regular para atividades de qualificação, já que a formação continuada é vital, dada a grande quantidade de docentes com formação mediana na rede pública.

No caso do programa analisado – "Piso salarial para professor: conquista ou solução?" –, a questão salarial é discutida de forma aprofundada e explicita a ampla rede de negociações acionada para tratar da própria carreira no magistério, pois estende-se para todo o conjunto de trabalhadores do setor: professor, administrador escolar e educadores em cargos de inspeção, planejamento, supervisão e orientação educacional. De fato, o assunto é se aumento no salário de professor resolve a situação da escola e da educação. O que se destacou no discurso da emissora foi que a questão salarial ajudaria a explicar o déficit de 250 mil professores na rede pública nas áreas de Química, Biologia, Física e Matemática, segundo dados recentes do MEC.

A série "Reformulação do Ensino Médio" foi produzida pela Rádio UFMG Educativa no período de constituição das audiências públicas obrigatórias na Câmara dos Deputados para votação do projeto de mudança do Ensino Médio no país. Veiculado no programa *UFMG notícia*, de 5 de agosto de 2009, discute a necessária adequação da atual formação dos professores diante da interdisciplinaridade exigida nessa reformulação. Após as audiências, o projeto aguardaria parecer final do Conselho Nacional de Educação (CNE), antes de tornar-se referência em todo o território nacional.

Os assuntos da edição deram destaque às principais mudanças propostas pelo MEC para o setor, considerando a urgência em acabar com o seu caráter conteudístico: agrupar as matérias obrigatórias em três grandes áreas – *Linguagens e Códigos*, *Ciências da Natureza e Matemática* e *Ciências Humanas*; oferecer maior autonomia às escolas para que definam o seu projeto político-pedagógico; facultar ao aluno a decisão de escolher até 20% de sua carga horária dentre as diversas atividades oferecidas pela escola, aumentar a carga horária de 2.400 horas anuais para 3 mil e incentivar o uso de laboratórios e oficinas durante todo o curso como forma de aliar teoria à prática.

No primeiro programa da série são apresentadas duas entrevistas – uma com o então deputado relator do projeto e outra com uma especialista em Educação da Universidade Federal de Juiz de Fora (UFJF). Para o parlamentar, acabar com esse caráter conteudístico do Ensino Médio depende dos professores, que precisam trabalhar as suas disciplinas de maneira integrada para que façam sentido para a vida do aluno. Na opinião da especialista, as mudanças radicais e urgentes vão melhorar a educação brasileira, mas dependem da capacitação de docentes para esse novo desafio.

O segundo programa relaciona a mudança nas orientações do ensino básico e o trabalho docente, nesta nova lógica. Três fontes abordam a questão sob aspectos diferenciados, mas a partir de um mesmo olhar: tudo continuará a depender da competência dos professores. A primeira fonte põe em questão a formação, ao afirmar que a maior parte das licenciaturas prepara docentes para ministrar aulas de conteúdos específicos e sem apontar ou provocar relações entre as disciplinas. A segunda fonte insiste na importância do trabalho integrado sem abrir mão dos conteúdos obrigatórios de cada disciplina e atribui ao "conservadorismo dos próprios professores" a dificuldade de trabalhar dessa forma em sala de aula, conferindo mais flexibilidade ao currículo. A terceira fonte entende que é preciso investir na formação continuada, adaptando a metodologia atual às novas exigências do Ensino Médio através do incentivo aos projetos de extensão e de pesquisa nas licenciaturas, ainda pouco explorados, mas prenhes de novas práticas.

Em síntese, as imagens discursivas diretas ou indiretas construídas para o professor ao longo dos dois programas da Educativa UFMG referem-se a alguém que carrega em si a responsabilidade por todas as mazelas da educação. Assentam-se na premissa de que as mudanças que ocorrerão no Ensino Médio para melhorar a educação brasileira dependem exclusivamente de profissionais capazes de assumir mais esse desafio.

A edição de 10 de fevereiro de 2009 do Jornal da Band News FM – 1ª e 2ª edição foi produzida e gerada na região de Campinas (SP) e aborda o sistema de avaliação de professores na rede pública de ensino no estado. Centrada no questionamento da qualidade da escola pública, a reportagem "Desafios da educação" confirma que não se tem conseguido acompanhar os parâmetros que uma educação de qualidade demanda. Uma das soluções apontadas na entrevista é a avaliação regular de professores. O exemplo destacado é o do estágio probatório na rede, que, na apuração da repórter junto a escolas locais, reduzira o número de faltas dos professores e a quantidade de atestados médicos apresentados.

Uma das fontes ligadas à Secretaria Estadual da Educação afirma que tornar o ambiente escolar mais agradável é papel do professor e que isso depende da dedicação de cada um. Defende também que a qualificação e a satisfação dos profissionais que estão à frente da sala de aula são exemplos importantes de como a educação pode melhorar.

Aqui, novamente, as situações discursivas carregam o cotidiano do professor de responsabilidades acerca da qualidade da educação na escola pública. Seja porque um sistema de avaliação permanente impõe mais controle sobre o seu trabalho e o seu comportamento docente, seja porque cabe ao professor tornar o ambiente escolar mais agradável e, com isso, impulsionar a aclamada educação de qualidade.

Nas três reportagens da série "Violência nas escolas: causas, consequências e soluções", da Rádio Bandeirantes de Porto Alegre (RS), a questão é tratada a partir de depoimentos de professores e alunos agredidos, além de serem feitas discussões sobre a falta de autoridade em classe.

Na primeira reportagem, veiculada em 4 de junho de 2009 no programa *Ciranda da cidade*, seis professores da rede pública e privada falam sobre as formas de violência instaladas em seu cotidiano escolar e montam um quadro bastante grave da situação. Assim, corroboram a afirmação da representante do Conselho Estadual da Educação, também entrevistada, de que a cada dia as denúncias aumentam, a violência vem se agravando ao longo da década e o assunto ainda não gerou profundas discussões entre o poder público e a sociedade civil.

Nas entrevistas, os professores reconhecem que não estão preparados para enfrentar situações de agressão e muitos temem fazer denúncias porque passariam a imagem de "quem não tem pulso firme para controlar a sua própria classe". Citam também que a escola não tem cumprido o seu papel de subsidiar o docente no seu trabalho diário em sala de aula: "pedimos socorro e esse socorro não vem". Os exemplos são chocantes, como o da professora de 4ª série, de 25 anos, que foi agredida por uma aluna de 15, sofreu traumatismo craniano, entrou em choque e desistiu de dar aula. Outro caso é o de uma professora com 34 anos de magistério na rede pública que, apesar das recordações maravilhosas de sua carreira, já chegou a sofrer agressões físicas de alunos, como soco no estômago e pedradas de estilingue. Vários outros depoimentos referem-se a todo tipo de agressão, como xingamentos, assédio sexual, pedradas no rosto, pontapés, ou até mesmo morte de um professor que teve seu abdômen perfurado com estilete após tentativa de apartar a briga entre dois alunos, no recreio.

Já o segundo programa destaca que a violência não acontece apenas com os professores, está em toda parte e é sintoma de um quadro social mais amplo. Se a violência invade as escolas e chega à sala de aula, todos que convivem nesse ambiente são vítimas, sejam docentes, diretores, funcionários ou discentes. Em síntese, a pauta tenta responder sobre o alcance e a origem da violência. Como era de se esperar, a matéria não responde, mas levanta visões a serem consideradas, como, por exemplo, a do titular da Delegacia do Adolescente Infrator, um dos entrevistados da edição.

Para o delegado, a violência na escola abala a educação porque reflete no desempenho dos professores, na dificuldade em dar aula, na carga elevada de trabalho e nos baixos salários, o que gera uma espécie de intolerância recíproca que acomete a relação professor-aluno. Ao referir-se também a brigas entre os próprios alunos, que fazem da escola o palco de um acerto de contas por fatos ocorridos fora dela, reforça a sua hipótese de que a escola e os professores não estão preparados para receber crianças e adolescentes oriundos de periferias, com alto índice de pobreza e histórico de violência familiar.

Outro ponto levantado na entrevista de uma pesquisadora na área da Psicologia da Educação é que muito do que acontece na sala de aula não fez parte das apostilas nem das aulas de didática, durante a licenciatura. Sua pesquisa ouviu 120 professores da região sul e aponta um sentimento unânime de desvalorização profissional aliado à falta de condições para lidar com os problemas diários de uma sala de aula e de seu entorno. Segundo a pesquisadora, é cobrado do docente saber o conteúdo acadêmico, desempenhar bem as suas funções tanto pedagógicas quanto técnicas e administrativas e ainda lidar com o turbilhão emocional, social e cognitivo de crianças e adolescentes. Para a reportagem, talvez disso decorra o déficit de 6 mil professores sentido na rede pública do Rio Grande do Sul, em 2009.

Na terceira e última reportagem da série, a ausência de autoridade do professor na sala de aula é analisada como um possível reflexo das relações familiares esgarçadas. Ainda na tentativa de responder sobre a origem da violência na escola, a pauta chama por entrevistas com especialistas, psicólogos e consultores na área da Educação. Todos entendem que a ausência de autoridade do professor em sala de aula é sentida tanto pelo mestre quanto pelo aluno: os pais não podem abrir mão da responsabilidade de educar, pois a falta de autoridade em casa transfere o desrespeito dos filhos aos seus professores. Em entrevista, uma educadora desabafa sobre os inúmeros papéis que tem que desempenhar em sala de aula: "psicóloga, psiquiatra, enfermeira, pai, mãe, além do papel de ensinar".

Neste material da Bandeirantes, produzido por sua equipe gaúcha e veiculado em âmbito regional, as falas apresentadas nas reportagens instigam a reflexões acerca da violência social generalizada que não poupa o mundo da escola. Nele, a comunidade escolar ainda não tomou para si, efetivamente, o enfrentamento dessa questão. Professores reconhecem a falta de preparo para lidar com tais situações e temem macular sua imagem de autoridade, se denunciarem o que enfrentam ao zelar pela disciplina da classe. Por sua vez, a unidade escolar não subsidia o professor em suas dificuldades porque ela mesma não sabe como enfrentar a questão, a não ser chamando a polícia. A comunidade e a família, ambas sabidamente também responsáveis pela educação dos pequenos e jovens cidadãos, na maioria dos casos estão omissas ou se sentem incompetentes para tal, e acabam transferindo toda essa formação para a escola. Isso acarreta sobrecarga de papéis para o professor, gerando um sentimento unânime de frustração e desvalorização profissional. Ele se sente desrespeitado pelo sistema escolar do qual faz parte, tanto por sua remuneração insuficiente como por falta de condições adequadas de trabalho e preparo para lidar com todos os problemas que envolvem o cotidiano de uma sala de aula e seu entorno.

Miragens reconstituídas

Após palmilhar uma a uma as oito reportagens a fim de compreender a maneira pela qual a imagem do professor é abordada, podemos afirmar que o material analisado exibe informações genéricas e generalizadas sobre a educação enquanto política pública, referindo-se a um sistema quase falido, deficitário, sem controle e de baixa qualidade.

Nessa abordagem, os alunos são desmotivados, os professores são desvalorizados e ficam distantes de sua "missão" e os pais se encontram ausentes da vida escolar dos filhos.

Quanto aos assuntos ligados diretamente ao professor, geralmente são convocados pesquisadores, acadêmicos e especialistas para discorrer sobre como deveria ser o trabalho docente dentro e fora da sala de aula. Quando consultadas, as organizações não governamentais especializadas discursam pela educação pública de qualidade, buscando preencher as lacunas deixadas pelo Estado, principalmente através de ações ligadas à gestão escolar, qualificação de professores, novos recursos de ensino-aprendizagem e mobilização de pais e familiares para participação ativa na vida escolar de suas crianças e jovens. Destacamos, entretanto, que a necessidade de maior qualificação, as condições de trabalho inadequadas nas escolas, a baixa remuneração percebida pela categoria e as referências à falta de valorização profissional são tônica dominante na maioria das reportagens radiofônicas analisadas.

Um ponto nos parece merecer atenção especial, já ressaltado no início deste artigo: apesar de notícias sobre educação serem abundantes na mídia, são poucas as que falam do professor. Como vimos, de um universo de duas centenas de matérias, apenas oito utilizam a figura do docente como foco, ou seja, 4% de toda a produção. E isso não parte de um universo difuso, mas é fruto de material inscrito de forma voluntária por seus autores em um importante prêmio jornalístico brasileiro que reconhece a educação como um tema legítimo da mídia.

Outro ponto de reflexão é que do reduzido número de reportagens que falam de professores, poucas são as que os ouvem de fato e apenas uma delas deu voz às entidades que os representam como categoria profissional. Note-se que, dentre os principais temas ao redor dos quais se construíram os discursos jornalísticos de nossa amostra – *trabalho, papel e cotidiano do professor, questões salariais, de carreira e valorização do magistério, formação* e *avaliação de professores, questões de violência no ambiente escolar* e *perda da autoridade em sala de aula* –, os eixos temáticos referentes às questões de *carreira* e *trabalho* responderam por 80% das abordagens noticiosas. Essas questões correspondem absolutamente à alçada das organizações de classe, fontes mais que qualificadas para discorrer sobre a política educacional e todo o universo relacionado ao mundo do professor e da escola. Entretanto, constatou-se nesta pesquisa que são fontes desconsideradas, descartadas: ousamos assim dizer que não há o reconhecimento político dos professores pela imprensa radiofônica.

Tais destaques procuram indicar a importância dos estudos que buscam compreender a complexa realidade do trabalho humano no mundo contemporâneo e relacioná-la com a maneira como essa complexidade é decodificada, simbolicamente, pelos meios de comunicação, em seus mais variados segmentos e gêneros.

Em nosso caso, a imagem construída dos professores, especificamente no meio radiofônico, refere-se a um simulacro discursivo homogêneo e pasteurizado que ora se aproxima, ora se afasta do cenário das responsabilidades reais que circunscrevem a profissão, a carreira ou o cotidiano escolar.

Vale aqui citar que no relatório final do projeto "Condições de trabalho e suas repercussões na saúde dos professores de Educação Básica no Brasil" (FERREIRA, 2010), das diversas e variadas situações de trabalho vividas pelos professores brasileiros, os pontos em comum relacionados à grande maioria dizem respeito ao fato de o trabalho do professor ser muito mais que dar aulas; suas funções ultrapassam as ligadas ao ensino-aprendizado – daí as dúvidas que apontam sobre o seu papel atual, que não é mais o mesmo e ainda não está bem claro; os professores estão trabalhando demais, seja porque têm muitos alunos em cada turma, seja porque têm muitas turmas ou ainda porque têm vários empregos, e, além disso, a profissão está desvalorizada financeira e socialmente.

Corroborando as preocupações sobre o papel atual do professor, Citelli (2011, p. 62) lembra que programas de formação para o magistério tendem a permanecer amarrados a contornos epistemológicos insuficientes para abranger demandas, expectativas, contradições, jogos de linguagem, operações de acobertamentos e revelações que o tempo presente impõe. Como bem ressaltou o pesquisador, essa diversidade de novos sistemas e processos do mundo cotidiano atual está transformando profundamente a vida social e impactando diretamente a vida de homens e mulheres do nosso tempo, cujo corpo formativo ainda é do tempo passado.

Mas, à parte as questões filosóficas e sociológicas que impregnam de sentido essa discussão sobre os papéis sociais, o que nos parece ser aqui a grande questão é o acento diferencial que cada emissora de rádio utiliza para tratar do tema do professor em suas pautas. Citelli (2006) aponta para o potencial comunicativo do rádio como fortemente relacionado não apenas à audição, acionada nos ouvintes pela linguagem verbal oralizada, mas a sua capacidade de evocar imagens e imaginação.

No rádio, uma verdadeira rede de sentidos é desencadeada a partir dos jeitos e das formas de uso das palavras faladas: elas se movimentam de acordo com o tipo de interação com o público que a emissora busca atingir. Chegar à sintonia pretendida entre locução e audição, ou seja, encontrar a linguagem adequada aos propósitos dos seus programas depende do arranjo que a emissora consegue estabelecer entre circulação (analógico, digital, internet), gênero predominante dos programas de sua grade (musical, humorístico, jornalístico, esportivo), conteúdos e tipo de público no qual está focado (jovem, adulto, local, nacional). Todo este circuito é regido por procedimentos de adequação da estrutura linguística e de esquemas de argumentação e persuasão.

Em vários de seus estudos (2006, 2010a, 2010b, 2011), Citelli vem ressaltando que a pluralidade de códigos e signos em trânsito nos meios de comunicação exige que nos debrucemos sobre o conceito de campo de significação, definido a partir das condições particulares de produção e circulação da informação. Significa que, quando os meios de comunicação fazem circular palavras verbalizadas – como é o caso do rádio –, elas não apenas se realinham tecnicamente de acordo com o suporte de transmissão, mas evocam novas reflexões e entendimentos tanto por parte da produção como das audiências. De fato, esses campos de sentidos resultam da riqueza de cruzamentos permitida pela linguagem híbrida e complexa dos meios de comunicação e das mediações que combinam múltiplos e variados elementos de natureza cultural, social ou etária, por exemplo.

Considerações finais

Com a proposta de identificar a maneira pela qual a imagem do professor é abordada no rádio, este artigo vincula-se aos estudos comunicacionais que reconhecem as construções discursivo-verbais como instâncias que evocam e constroem campos de sentidos, ganhando singularidade quando postas em circulação pelos meios de comunicação.

Revendo o seu percurso, a pesquisa nos permitiu concluir que as imagens discursivas diretas ou indiretas construídas no rádio para falar sobre o *trabalho* do professor referem-se a alguém que carrega em si a responsabilidade por todas as questões da educação. Constatamos que, quando o rádio fala da *carreira* do professor, sugere que para abraçá-la é preciso equilíbrio emocional para decisões cotidianas, coragem para enfrentar a onda de violência que acomete o mundo da escola e formação adequada para se adaptar ao tipo de aprendizagem exigido em cada um dos níveis do sistema educacional. Os discursos radiofônicos que abordam o *cotidiano* do docente apontam que a sobrecarga de papéis gera um sentimento unânime de frustração e desvalorização profissional: o professor se sente desrespeitado pelo sistema escolar do qual faz parte, tanto por sua remuneração insuficiente como por falta de condições adequadas de trabalho e despreparo para lidar com todos os problemas que envolvem o cotidiano escolar expandido. Mas, sobretudo, percebemos que continuará dependendo da competência do professor dominar o conteúdo acadêmico, desempenhar bem suas funções pedagógicas, técnicas e administrativas, e lidar com o turbilhão emocional, social e cognitivo de crianças e adolescentes.

Por fim, retomamos a ideia de que quando o rádio promove a circulação de palavras, estas desencadeiam novos entendimentos e campos de significações, evocando e ampliando repertórios. Os resultados aqui expostos, apesar de singelos, revelam um rádio de muitas pautas, muitas vozes, mas de poucos olhos e ouvidos para o professor. E se assim é, vale lembrar do alerta de Elias Canetti (1990, p. 276) sobre a consciência das palavras: "quem não vê o estado do mundo em que vivemos dificilmente terá algo a dizer sobre ele".

Referências bibliográficas

ANDI. Educação no Brasil: guia de referência para a cobertura jornalística. Brasília, 2009.

CANETTI, Elias. *A consciência das palavras*. São Paulo: Companhia das Letras, 1990.

CARDOSO DE OLIVEIRA, Luís Roberto. As categorias do entendimento humano e as noções de tempo e espaço entre os nuer. *Série Antropologia*, Brasília, n. 137, 1993.

CITELLI, Adilson. *Palavras, meios de comunicação e educação*. São Paulo: Cortez, 2006.

_____. Linguagens da Comunicação e desafios comunicacionais: o problema da formação de jovens professores. *Comunicação & Educação*, São Paulo: CCA/ECA/USP/Paulinas, ano XV, n. 1, jan./abr. 2010a.

_____. Comunicação e educação: convergências educomunicativas. *Comunicação, mídia e consumo*, São Paulo, v. 7, n. 19, pp. 67-85, 2010b.

Disponível em: <http://revistacmc.espm.br/index.php/revistacmc/article/view/286>. Acesso em: 8/11/2011.

_____. Comunicação e educação: implicações contemporâneas. In: CITELLI, Adilson; COSTA, Maria Cristina Castilho (orgs.). *Educomunicação: construindo uma nova área de conhecimento*. São Paulo: Paulinas, 2011.

FERREIRA, Leda Leal. *Relações entre o trabalho e a saúde de professores na educação básica no Brasil*. Relatório final do Projeto "Condições de trabalho e suas repercussões na saúde dos professores de Educação Básica no Brasil". São Paulo: Fundacentro, 2010. Disponível em: <http://www.fundacentro.gov.br/dominios/CTN/anexos/relatoriofinal.pdf>. Acesso em: 8/11/2011.

_____; IGUTI, Aparecida Mari; DONATELLI, Sandra; BARBEIRO LIMA, Cristiane. *Relações entre o trabalho e a saúde de professores na educação básica em São Paulo*. São Paulo: Fundacentro, 2009.

KOCH, Ingedore Grunfeld Villaça. *Argumentação e linguagem*. São Paulo: Cortez, 1984.

MARCUSCHI, Luiz Antônio. Atividades de referenciação, inferenciação e categorização na produção de sentido. In: FELTES, Heloísa Pedroso de Moraes (org.). *Produção de sentido: estudos transdisciplinares*. São Paulo/Porto Alegre/Caxias do Sul: Annablume/Nova Prova/Educs, 2003.

Discurso da qualidade na educação e invisibilidade do professor

HELENA CORAZZA

O tema da educação tem sido alvo de constantes reportagens em veículos de comunicação, nas mais diversas formas e abordagens. Este é um assunto vital que não só contribui com o desenvolvimento econômico e tecnológico, como também com a formação de uma sociedade cidadã. A mídia, sem dúvida alguma, repercute e divulga questões que estão em pauta no cenário internacional e nacional, como se pode verificar nas frequentes matérias que a revista *Veja* publicou em sua seção "Educação".

Este estudo pretende analisar e refletir como aparece a imagem do professor, visível ou invisível, veiculada pela revista *Veja* em algumas matérias, que são ilustrativas e refletem um modo de encarar os fatos e favorecer determinado olhar sobre a educação e o professor. Procura também verificar como se dá a construção do discurso, compreendendo--o, conforme Brandão (2009), como "o espaço em que saber e poder se unem, se articulam, pois quem fala, fala de algum lugar, a partir de um direito que lhe é reconhecido socialmente".

A revista semanal publicou sua primeira edição em 11 de setembro de 1968 e se autodenomina a "maior revista do Brasil".[1] Pode ser classificada como a principal revista de assuntos gerais e atualidades de uma das grandes empresas editoriais no Brasil, a editora Abril. Idealizada por Roberto Civita, iniciou suas publicações em plena ditadura militar, sofreu repressão no governo Geisel e enfrentou a censura no governo Figueiredo.

> Neste contexto, além da censura, as negociações entre revista e os governos militares se davam mediante negociações para a liberação de verbas para a editora Abril e de demissões de jornalistas indesejados pelo regime. *Veja* sobreviveu ao período militar utilizando-se de negociações conciliatórias e, com isso, firmou--se no mercado como o semanário de maior número de vendagem (GAZOTTI, 2001, p. 8).

Em 1975, a publicação se libertou da censura, depois da saída de seu coordenador inicial, o jornalista Mino Carta. Com a mudança dos

---

[1] Veja.com (http://veja.abril.com.br). Acesso em: 04/06/2011.

38 • Helena Corazza

editores-chefes, a abertura democrática e a era da globalização, a revista, que se considerava de denúncia, passou a priorizar furos de reportagem e notícias quentes (BACCEGA; AZEVEDO, 2007).

Metodologia da pesquisa

Neste cenário de publicações semanais com assuntos relevantes, esta pesquisa prioriza o tema "educação", buscando a imagem do professor que se constrói por meio da representação narrativa nos textos, fontes utilizadas, fotos e nos enfoques adotados das matérias publicadas pela revista *Veja*. Entende-se que nada no discurso jornalístico é isento de interpretações na abordagem do olhar adotado. O recorte são algumas edições do segundo semestre de 2010 e até maio de 2011. O olhar para a delimitação tem como foco assuntos tratados na seção "Educação", que envolvem, de forma implícita ou explícita, a figura do professor. Não houve preocupação em analisar todas as reportagens publicadas na revista semanal, mas apenas algumas que servem de amostragem para a observação do tema em pauta. Note-se também que o tema "educação" não está presente em todas as edições.

Ao se tratar de educação, pensa-se no profissional da área, objeto desta pesquisa, incluídos textos e fotos e como aparece a pessoa do professor na revista impressa, também disponível *on-line*. A pesquisa analisa seis matérias, que possibilitam observar indicativos da linha editorial do veículo. Destas, cinco referem-se à qualidade de ensino e uma, à figura específica de professor sucedida nos Estados Unidos. Os dados básicos dos textos analisados estão na tabela 1.

Esta pesquisa considera também, embora em menor escala, a fala do interlocutor, neste caso o professor, reagindo pela internet à matéria intitulada "Aula cronometrada",[2] a partir de "Carta à Revista *Veja*",[3] e mais de vinte comentários postados na internet, a partir da publicação da reportagem. A inclusão da reação dos professores pela internet pretende ser um contraponto à ausência da voz do professor nos textos da revista.

Diante do enfoque dado às reportagens, sobretudo pelas referências utilizadas e a ausência explícita da figura do professor nos textos, levantam-se algumas indagações: O que se entende por qualidade

---

[2] *Veja*, edição 2170, 13 jun. 2010 (Seção Educação). Disponível em: <http://veja.abril.com.br/230610/aula-cronometrada-p-122.shtml>. Acesso em: 10/04/2011.

[3] Publicado em 22 de março de 2011, por Barbiecaliforniana. Acesso em: 10/04/2011.

na educação? Como ficam as relações entre as partes envolvidas no processo educacional: instituições, docentes, alunos? E como trabalhar para uma educação cidadã?

Há, sem dúvida, um limite nesta pesquisa, tanto em razão das reportagens selecionadas quanto pela extensão. Entretanto, os indicativos aqui selecionados revelam aspectos que consideramos importante serem analisados no processo educativo, em relação ao entendimento de qualidade, poder e envolvimento do professor.

Análise das reportagens pesquisadas na revista *Veja*: Ensino Básico

Nas reportagens publicadas por *Veja*, o enfoque predominante é o da busca da qualidade do ensino, sempre comparando o Brasil com outros países, mostrando pesquisas e parcerias em experiências aplicadas no Brasil. Dos seis textos examinados, quatro apoiam-se em pesquisas da Organização para Cooperação e Desenvolvimento Econômico (OCDE), "uma organização internacional e intergovernamental que agrupa os países mais industrializados da economia do mercado e tem sua sede em Paris, França. Na OCDE, os representantes dos países-membros se reúnem para trocar informações e definir políticas com o objetivo de maximizar o crescimento econômico e o desenvolvimento dos países-membros".[4]

Segundo Campos (2010), a OCDE divulgou os indicadores por meio do Programa Internacional de Alunos (Pisa) de 2006, que revela o desempenho dos discentes de duzentos países do mundo, no término da escolaridade básica, o que corresponde no Brasil aos concluintes do 5º e o 9º anos, em língua materna (Português), Matemática e Ciências,

---

[4] Os objetivos da OCDE são: realizar a maior expansão possível da economia, do emprego e do progresso da qualidade de vida dos países-membros, mantendo a estabilidade financeira, para assim colaborar com o desenvolvimento da economia mundial, contribuir com uma expansão econômica saudável nos países-membros, assim como nos países não membros, favorecer a expansão do comércio mundial sobre uma base multilateral e não discriminatória, conforme as obrigações internacionais. Disponível em: <http://www.cgu.gov.br/ocde/sobre/informacoes/index.asp>. Acesso em: 07/05/2011. O centro da OCDE para a cooperação com países não membros desenvolve e supervisiona as orientações estratégicas das relações com os não membros. Em 16 de maio de 2007, o Conselho Ministerial da OCDE decidiu iniciar negociações de adesão com o Chile, Estônia, Israel, Rússia e Eslovênia. O Conselho Ministerial de 2007 também decidiu reforçar a cooperação da OCDE com o Brasil, China, Índia, Indonésia e África do Sul, através de um processo de maior envolvimento. Disponível em: <http://pt.wikipedia.org/wiki>. Acesso em: 07/05/2011.

revelando o resultado do sistema de educação básica. Pela pontuação o Brasil ficou classificado em 52º, quando em 2005 tinha ocupado o 40º lugar. Pela pontuação que os alunos brasileiros obtiveram, em 2006, significa que o país não conseguiu passar do primeiro nível de aprendizagem, em nenhuma das três áreas. Talvez os dados desta pesquisa que coloca o Brasil em situação de crescente declínio na qualidade da educação tenha sido a referência da adoção dessa fonte para quatro reportagens de *Veja*, objeto desta análise.

Na reportagem "Na turma dos piores", com o título "O ensino no Brasil entre os piores do mundo" e tendo como fonte a OCDE, o Brasil é comparado a países asiáticos em desenvolvimento como China, Cingapura, Hong Kong, Coreia do Sul, Taiwan. Essa reportagem coloca o Brasil em 57ª posição, enquanto a China ocupa o primeiro lugar. Referindo-se ao Brasil, ela é ilustrada pela fotografia de um professor escrevendo na lousa, enquanto na imagem da China os alunos caminham felizes pelas ruas. A avaliação do Pisa de 2009 põe o Brasil na 53ª posição, destacando-o como o país que mais evoluiu na educação nesta década.[5]

Em texto referente a decisões governamentais, como "O MEC quer fim da repetência", a comparação é entre o "bom e o mau ensino". As fontes de consulta são especialistas, entre eles um economista, que opinam sem especificar a área. A foto em sala de aula, com crianças em suas mesas de estudo, cada uma com um livro, registra a advertência: "O Brasil registra uma das mais altas taxas de reprovação do mundo, em torno de 11%, número que ombreia com o dos africanos". A expressão recorrente em textos que falam da condição brasileira é "tal como ocorre em países de melhor ensino", o que vai reforçando uma situação de desvantagem.

Reportagem polêmica que mexeu com os professores, "Aula cronometrada" relata uma forma de avaliação do ensino no Brasil, já desenvolvida em outros países "desenvolvidos". Chama a atenção "como ocorre em países de melhor ensino", com a expressão "em diversos estados da federação, por técnicos treinados pelo Banco Mundial". A foto é de alunos em sala de aula, voltados para a lousa, com a ausência de professor, com destaque para um cronômetro. Este texto relata a avaliação em uma escola municipal do Rio de Janeiro com a anuência

---

[5] Disponível em: <http://portal.mec.gov.br/index.php?option=com content&view=article &id=16125>. Acesso em 14/06/2011.

da secretaria do município. O texto assinado pela repórter Roberta de Abreu Lima revela o teor da análise:

> Munidos de cronômetros, os especialistas se plantam no fundo da sala não apenas para observar, mas também para registrar, sistematicamente, como o tempo de aula é despendido. Tais profissionais, em geral das próprias redes de ensino, já percorreram 400 escolas públicas no país, entre Minas Gerais, Pernambuco e Rio de Janeiro. Em Minas, primeiro estado a adotar o método, em 2009, os cronômetros expuseram um fato espantoso: com aulas monótonas baseadas na velha lousa, um terço do tempo se esvai com a indisciplina e a desatenção dos alunos. Equivale a 56 dias inteiros perdidos num só ano letivo.

Essa avaliação mostra-se bem apreciada por autoridades da Secretaria de Educação do município do Rio de Janeiro, conforme depoimento da secretária de educação, Claudia Costin: "Pode-se dizer que o cruzamento das avaliações oficiais com um panorama tão detalhado da sala de aula revelará nossas fragilidades como nunca antes". E o texto da revista conclui dizendo que, "neste sentido, os cronômetros são um necessário passo para o Brasil deixar a zona do mau ensino". Nesta matéria não se fala diretamente sobre o professor, mas há uma avaliação a respeito de seu desempenho em sala de aula pelas "autoridades", com a intenção de combater o "mau ensino".

O empreendedorismo também está entre as temáticas citadas pela revista, como no caso de um professor caracterizado como *superman*. Com o título "A caça ao mau professor nos Estados Unidos – 'Geoffrey Canada, o *superman*'"–, o texto relata um documentário que revolucionou o sistema público americano e apontou o mau professor como o grande responsável pelo fracasso dos alunos. O projeto, que está dando certo pela experiência de um professor-ator, um *superman*, foi adotado em mais vinte escolas americanas pelo presidente americano Barack Obama.

Experiências bem-sucedidas são encontradas na reportagem "O sucesso de duas escolas públicas no Rio", intitulada: "Trincheiras de bom ensino", que foi feita em duas escolas públicas de ensino municipal, a Escola Paula Fonseca, localizada numa favela da zona norte, e a Pablo Neruda, no bairro Taquara, da zona oeste. Em ambas, as diretoras estão no cargo de direção há 26 e 23 anos, respectivamente. O ambiente em que estão situadas é a zona do crime: "fincadas em áreas dominadas por criminosos, as duas escolas municipais do Rio de Janeiro têm média superior à nacional, segundo último Índice de Desenvolvimento da Educação Básica (Ideb) do MEC". Com referências em levantamento da OCDE, conduzido em setenta países, incluindo o Brasil, deixa claro que forjar um clima favorável ao ensino é um dos principais fatores para elevar a qualidade acadêmica. Nesses textos destaca-se como mérito de êxito o envolvimento da direção e a proximidade com os alunos, citando, como exemplo de país desenvolvido, o Chile.

A reportagem "O exemplo do vizinho" cita o Chile, um país em desenvolvimento, como bem-sucedido, no qual uma diretora com mestrado e MBA em gestão escolar recebe bônus no salário pelo seu desempenho, enquanto os alunos passam oito horas na escola e estudam com prazer. Ali também a empresa Yahoo busca cérebros. A comparação do Brasil com a supremacia do Chile é mostrada em quadro de destaque: "O salto da década". Fatos recentes em relação à educação reivindicada pelos estudantes chilenos revelam os limites desse modelo e a necessidade da ampliação dos espaços democráticos.

Tabela 1: Visão geral do enfoque das revistas Veja –
Editoria Educação

Edição/data	Título/autoria	Local, temática, fontes, fotos
Veja – ed. 2170 –13/06/2010 (2 páginas)	"Aula cronometrada" (Roberta de Abreu Lima)	**Local:** escola municipal do Rio. **Temática:** pesquisa tendo em vista a qualidade do ensino, já feita em outros estados do Brasil. **Foto:** crianças em carteiras enfileiradas, viradas para o quadro verde e cronômetro – ausência do professor. **Fonte:** Organização para Cooperação e Desenvolvimento Econômico (OCDE).

Veja – ed. 2195 -15/12/2010 (2 páginas)	"Na turma dos piores" (Malu Gaspar)	**Local**: não identificado. **Temática**: avaliação realizada pela OCDE em vista da qualidade de ensino nos países em desenvolvimento. **Foto 1**: sala de aula com quadro-negro e professor voltado aos alunos, Ensino Médio, em carteiras enfileiradas (Brasil). **Foto 2**: alunos orientais caminhando em grupo. **Fonte**: OCDE.
Veja – ed. 2203 09/02/2011 (1 página)	"O fim da repetência" (Roberta de Abreu Lima)	**Local**: rede municipal do Rio de Janeiro. **Temática**: diretrizes do Ministério da Educação e Cultura (MEC) para o fim da repetência no Ensino Fundamental. Qualidade de professores. **Foto**: professora na lousa voltada para os alunos sentados em mesinhas. **Fontes**: MEC, especialistas, economistas.
Veja – ed. 2207 09/03/2011 (4 páginas)	"Geoffrey, o *superman*" (André Petry, de Nova York)	**Local**: Estados Unidos. **Temática**: documentário estrelado pelo educador Geoffrey Canadá, que revoluciona o sistema público americano, "Waiting for superman", que responsabiliza o professor pelo fracasso do aluno – projeto com crianças por quarteirão. Dá aula de tae know do. Ele é faixa preta e um show. **Foto**: o professor bem-sucedido, alunos em mesinhas, sala de aula, ativos; menina alegre estudando, gráficos. **Fontes**: relato da vida e trajetória do professor/ator; dados de investimentos.

Veja – ed. 2211 06/04/2011 (2 páginas)	"Trincheiras de bom ensino" (Roberta de Abreu Lima)	**Local:** escolas municipais do Rio de Janeiro. **Temática:** duas escolas de periferia, bem-sucedidas, com destaque ao envolvimento da direção das mesmas. Escola Paula Fonseca (favela Jorge Turco, zona Norte) e Pablo Neruda (bairro Taquara, zona Oeste). **Foto 1:** Paula Fonseca: crianças ao ar livre, mochilas às costas, com a diretora. **Foto 2:** Pablo Neruda: crianças em suas carteiras estudando. **Fontes:** Índice de Desenvolvimento da Educação Básica (Ideb), OCDE.
Veja – ed. 2215 04/05/2011 (5 páginas)	"O exemplo do vizinho" (Malu Gaspar, de Santiago)	**Local:** escola pública Ciudad de Frankfort, Santiago (Chile). **Temática:** exemplo bem-sucedido de uma escola pública de periferia, onde as crianças ficam oito horas na escola, ressaltando a figura e competência da diretora e a implantação do sistema de qualidade e avaliação, as políticas de recompensa (bônus para os professores por desempenho). Comparação do Chile com o Brasil, que fica atrás nos índices de avaliação. **Foto 1:** alunos em jogos e lazer, presença do professor. **Foto 2:** a diretora sentada. **Foto 3:** alunos estudando em mesas. **Foto 4:** engenheiro de TI. **Foto 5:** aluno ao lado da bateria. **Fontes:** OCDE, Ministério do Planejamento do Chile e Pnad/IBGE.

Voz e visão dos professores pela internet[6]

A reportagem "Aula cronometrada" instigou a declaração dos professores e associações de classe que se posicionaram: "Numa manifestação de flagrante corporativismo, os professores brasileiros chegaram a se insurgir contra a presença dos avaliadores dentro da sala de aula. Em Pernambuco, o sindicato rotulou a prática de 'patrulhamento' e 'repressão'. Note-se que são os próprios professores que preferem passar ao largo daquilo que a experiência – e agora as pesquisas – prova ser crucial: conhecer a fundo a sala de aula".

Os professores tiveram manifestações marcantes como reação à reportagem. Carta de uma professora do Paraná e declarações de mais de vinte professores pela internet dizem que, em vez de cronômetros, outros aspectos precisam ser considerados, os quais revelam a complexidade da educação. Se, de um lado, o emissor é, neste caso, a revista *Veja*, de outro o interlocutor que buscou espaço para se manifestar evoca o sujeito social que constrói significado e ação social. Conforme Touraine,

> o ator não é aquele que age em conformidade com o lugar que ocupa na organização social, mas aquele que modifica o meio ambiente material e, sobretudo, social no qual está colocado, modificando a visão do trabalho, as formas de decisões, as relações de dominação ou as orientações culturais (TOURAINE, 1994, p. 220).

Nesse sentido, os comentários dos professores podem ser agrupados em algumas categorias como: alunos, família, sociedade, a pessoa do professor enquanto ser humano, profissional e educador, conforme detalhamos a seguir.

Em relação aos *alunos*, uma professora diz que não há necessidade de cronômetros nem de especialistas para diagnosticar as falhas na educação. Há necessidade de todos os que pensam que "os professores é que são incapazes de atrair a atenção de alunos repletos de estímulos e inseridos na era digital entrem numa sala de aula e observem a realidade brasileira. Que alunos são esses 'repletos de estímulos' que, muitas vezes, não têm o que comer em suas casas, quanto mais serem inseridos na era digital?".

No que diz respeito à *família*, vê-se que "pais de famílias oriundas da pobreza trabalham tanto que não têm como acompanhar os filhos

---

[6] Disponível em: <http://veja.abril.com.br/230610/aula-cronometrada-p-122.shml>. Acesso em: 10/04/2011.

em suas atividades escolares, e pior em orientá-los para a vida. Isso sem falar nas famílias impregnadas pelas drogas e destruídas pela ignorância e violência, causas essas que infelizmente são trazidas para dentro da maioria das escolas brasileiras".

Quanto à *sociedade*, é clara a percepção de que os problemas deverão ser resolvidos por toda essa sociedade e não somente pela escola, conforme este depoimento: "o que está faltando na sociedade é a existência de família e a imposição de limites às crianças, desde pequenas, para que o professor exerça a função de ensinar e não de educar filhos de estranhos...".

No que diz respeito ao *professor*, reagem dizendo que "hoje, professores 'incapazes' dão aulas na lousa, levam filmes, trabalham com tecnologia, trazem livros de literatura juvenil para leitura em sala de aula (o que às vezes resulta em uma revolução), levam alunos à biblioteca e a outros locais educativos e, em algumas escolas públicas onde a renda dos pais comporta, até a passeios interessantes, planejados minuciosamente. (...) Além disso, esses mesmos professores 'incapazes' elaboram atividades escolares como provas, planejamentos, correções nos fins de semana, tudo sem remuneração. Todos os profissionais têm direito a um intervalo, que não é cronometrado, quando estão cansados".

Em resumo, os professores que se manifestaram via web em relação à reportagem de *Veja* dizem que "em vez de cronômetros, precisamos de carteiras escolares, livros, materiais, quadras-esportivas cobertas (um luxo para a grande maioria de nossas escolas), e de lousas, sim, em melhores condições e em maior quantidade".

Esse olhar mais abrangente da pessoa do professor enquanto profissional, as horas de trabalho em classe e extraclasse – como corrigir provas em casa e em finais de semana, intervalos curtos, nem sempre suficientes para refazer as energias – levantam questionamentos. As perguntas sobre qual a função do professor também são apontadas por esses profissionais, uma vez que o que se vê no âmbito da família são pais muito ausentes, que não escutam os filhos e delegam a educação à escola.

Por outro lado, como se porta o aluno que dedica o tempo dele em mídias sociais, mais do que em estudar? Onde ficam valores da educação e a autoestima do professor? Os professores levantam também a questão das políticas governamentais, como no caso da não reprovação. E, por fim, a formação continuada do professor.

Eixos temáticos a partir das reportagens da revista *Veja*

Das matérias selecionadas nesta pesquisa, procuramos articular alguns eixos e percebemos que eles se atravessam. As fontes adotadas internacionalmente para avaliar a qualidade do ensino envolvem mudanças culturais tanto externas à escola quanto nas metodologias de ensino em relação ao professor.

A questão institucional – entendendo-se parcerias e fontes nacionais e internacionais que órgãos como Secretarias de Educação adotam, além do próprio ambiente escolar que deles depende, em grande parte, da direção, professores e alunos – a ser analisada é central. Por sua vez, para se pensar a qualidade e o desenvolvimento, não há como prescindir da qualificação do docente e de sua formação continuada, adequando seu conhecimento às mudanças culturais. Não há como pensar em qualidade, sem investimento no ser humano.

Como os textos da revista *Veja* se baseiam em indicadores internacionais de qualidade obtidos na avaliação de alunos, constata-se a ausência contínua da voz dos professores. Mas as imagens que a ilustram são eloquentes, apresentando-os, de modo geral, em situações precárias. São mostradas diretoras em experiências bem-sucedidas, como é o caso do Chile e das duas escolas municipais do Rio de Janeiro, e, nesse caso, lhes é dada a palavra.

É preciso considerar que as *mudanças culturais* são grandes e se fazem sentir em sala de aula, tanto nos métodos quanto nos recursos e, sobretudo, na mudança de sensibilidade que os alunos vão tendo no contato com as novas tecnologias. Esse desafio cresce naturalmente, uma vez que a educação se dá fora dos muros da escola, pelas mídias. Isso foi preconizado por Walter Benjamim, antecipando o que McLuhan disse mais tarde, diante da sociedade influenciada pela eletrônica, "a sala de aula sem paredes" (McLUHAN, 1990, p. 147). Pode ser reflexo dessas mudanças a busca do "professor-ator" numa sociedade que valoriza o que vê, sobretudo na televisão, como o sucesso no jogador de futebol, na atriz, pessoas com certa performance. Conforme, Konchen (2011), valoriza-se aquele que obteve ascensão social, e o professor é considerado um fracassado em termos de dinheiro e fama. Antigamente o professor era exemplo a ser seguido e o responsável por lições inesquecíveis que se recebiam nos primeiros anos de vida.

O conceito neoliberal de qualidade na educação

Quatro reportagens da revista *Veja* relatam como fonte os indicadores que avaliam os países desenvolvidos pela OCDE (Organização para Cooperação e Desenvolvimento Econômico), "uma organização internacional e intergovernamental que agrupa os países mais industrializados da economia do mercado". As Secretarias de Educação dos municípios estão avaliando seus indicadores de qualidade com profissionais treinados pelo Banco Mundial para verificar a educação. Nessa ótica, tem-se uma constante comparação do Brasil com outros países "mais desenvolvidos" como Estados Unidos, Chile, e agora os asiáticos.

Transparece uma visão neoliberal de movimentos internacionais, que, em nome da reforma da escola, apoia-se em organismos como a Organização Mundial do Comércio (OMC), por meio dos quais acontece a mercantilização da educação, descrita por Laval. Segundo o autor, nessa visão a escola perde estabilidade e autonomia relativa e vê o seu objetivo de expansão pessoal ser substituído pelo da inserção profissional em meio a essa valorização exacerbada do econômico, em detrimento dos demais valores. "Na nova ordem educativa que se delineia, o sistema educativo está a serviço da competitividade econômica, está estruturado como um mercado, deve ser gerido ao modo das empresas" (Laval, 2004, p. 20).

A reportagem "Aula cronometrada", adotando cronômetro de vigilância, revela um sistema funcionalista de avaliação. Ao se tratar o tema da qualidade e da eficácia, salta à vista e no texto a questão da avaliação e desempenho e o porquê subjacente à frase: "as aulas não funcionam". O método descrito é quantitativo, com ausência de valores éticos como "ensinar a assumir a condição humana, ensinar a viver e ensinar a se tornar um cidadão", conforme Morin (2000, p. 65).

No mesmo texto, a visão funcionalista se acentua ao falar do uso do tempo e do que é importante ou irrelevante. No relato "das visitas que fez a escolas nos Estados Unidos, o pedagogo Doug Lemov depreendeu algo que a breve experiência brasileira já sinaliza: 'os professores perdem tempo demais com assuntos irrelevantes e se revelam incapazes de atrair a atenção de alunos repletos de estímulos e inseridos na era digital'".

Linguagem e poder simbólico

Segundo Bourdieu, "estigmatizar alguém é uma violência simbólica". E é exatamente esse estigma que podemos constatar nas reportagens da revista *Veja* – uma repetição constante a respeito da 57ª posição do Brasil, segundo avaliação de OCDE, em relação aos mais avançados, em títulos como "Na turma dos piores"; comparações com outros "países de melhor ensino". A afirmação contínua "melhor – pior, bom – ruim" constitui-se uma repetição que só tem a reforçar a baixa autoestima já existente, fazendo crer que somos mesmo os piores em área de educação pública. E poderíamos nos apropriar novamente de Bourdieu, quando afirma que os meios de comunicação são instrumentos simbólicos que criam significados, sendo "o poder simbólico como poder de constituir o dado pela enunciação, fazer ver e fazer crer, de confirmar ou de transformar a visão do mundo e, desse modo, a ação sobre o mundo" (BOURDIEU, 1989, p. 14).

A mesma lógica da linguagem é utilizada para trabalhar a qualidade em relação aos professores. A qualidade na educação identifica-se com a produtividade pela seleção dos professores e com um plano de metas e prêmios, como é o caso do relato referente ao exemplo do Chile, que tem o aluno em tempo integral na escola. "O quadro de professores foi alvo de uma *faxina* por meio da qual 70% saíram, e a escola passou a ser regida por ambiciosas metas e prêmios atrelados ao desempenho da equipe" (o grifo é nosso; *Veja* 2215, p. 128). Observe-se que o termo "faxina" remete à limpeza e eliminação de coisas e não é adequada ao tratamento com pessoas. É uma lógica perversa, com olhar fortemente mercadológico com vistas à produtividade na educação, bem como o é na adoção de novas tecnologias, que Citelli (2011) aplica à modernização da escola, cedendo a apelos de grupos de pressão e da indústria.

A vigilância para garantir qualidade

Da vigilância que fazia parte dos compromissos do professor em relação ao aluno, agora se adotam como forma de avaliação câmeras, conforme já relatado pela revista *Veja*: "Os americanos chegam a filmar suas aulas (...) os cronômetros são um necessário passo para o Brasil deixar a zona do mau ensino".

Diante dessa postura adotada por órgãos responsáveis pela educação: de olhar de fora para dentro, vale lembrar as orientações de Adorno em relação ao conceito de educação e da verdadeira consciência:

> A seguir e assumido o risco, gostaria de apresentar minha concepção inicial de educação. Evidentemente não a assim chamada moldagem de pessoas, porque não temos o direito de modelar pessoas a partir de seu exterior; mas também

não a mera transmissão de conhecimentos, cuja característica de coisa morta já foi mais do que destacada, mas a produção de uma consciência verdadeira (ADORNO, 2006, p. 141).

Ocorre que hoje a regulação da vida acontece pelas câmeras de vigilância: da rua para os prédios e agora para as salas de aula. Ao considerar a centralidade da cultura e as transformações da vida local e cotidiana, Hall diz, textualmente:

> Essa devassa interior é acompanhada de instrumentos de vigilância (das câmeras e monitores, às pesquisas de consumo e os cartões de crédito) capazes de manter sob controle os movimentos e preferências de toda uma população (sem que tome conhecimento). Em meio a toda conversa sobre "desregulamentação", tem ocorrido uma sofisticação e intensificação dos meios de regulação e vigilância: o que alguns têm denominado "o governo pela cultura". Nestes diferentes exemplos reconhecemos que a "cultura" não é uma opção *soft*. Não pode mais ser estudada como uma variável sem importância, secundária ou dependente em relação ao que faz o mundo mover-se; tem de ser vista como algo fundamental, constitutivo, determinando tanto a forma como o caráter deste movimento, bem como a sua vida interior (HALL, 1997, p. 6).

Ambiente das escolas

Aspectos como o cenário e descrição do local das escolas escolhidas para as reportagens, além da linguagem adotada, são fatores a serem considerados. Em se tratando de escolas públicas, o ambiente no qual se situam as escolas no Brasil que são objeto de reportagens na revista *Veja* é o das periferias, locais desafiadores, nos quais o crime está muito próximo da escola, assim como faz parte do cotidiano dos alunos.

No caso das duas escolas bem-sucedidas do Rio de Janeiro, as fotos mostram alunos ao ar livre com a diretora. Em outras, alunos em suas mesas na sala de aula, a professora no quadro-negro/verde ou branco, murais com informações, um professor, em algumas matérias, voltado para os alunos; em outras, ausente.

O contraponto do exemplo do Chile, também tratando de uma escola de periferia, mostra os alunos em suas mesas de estudo, em momentos de lazer com jogos, quadras, a bateria, num ambiente que favorece a ideia de estudo e que é prazeroso. Sem dúvida alguma, o ambiente é comunicação.

Considerações finais

Ao buscar o tema da educação numa revista semanal de circulação nacional, como é o caso de *Veja*, fica evidente que o conceito de qualidade na educação está baseado em indicadores econômicos e, praticamente, ditado pelos países mais desenvolvidos. As matérias não poupam palavras para repisar o último lugar do Brasil "entre os piores do mundo", ficando claro que é preciso mudar.

Entretanto, não há uma consideração às partes envolvidas no processo – só conhecidas pelas reações informais por meio da internet –, como é o caso das entidades de classe, dos docentes que estão no dia a dia da sala de aula, deixando-se entrever a invisibilidade do professor, em nome de indicadores e parâmetros econômicos, em detrimento do cultivo de valores.

Em um contexto de mudança cultural e problemas sociais que se agravam e repercutem no sujeito da educação, o aluno, o desafio é pensar a mudança para uma educação cidadã, tendo em conta todas as partes, desde a família, o ambiente, os profissionais da educação e a direção da escola, aliando desenvolvimento cultural e econômico em vista de melhores condições para o ecossistema educacional e social.

Referências bibliográficas

ADORNO, Theodor W. *Educação e emancipação*. Rio de Janeiro: Paz e Terra, 2006.

BACCEGA, Maria A.; AZEVEDO, Aline F. de. O discurso hegemônico de Veja e a construção da imagem do pobre. *Comunicação & Educação*, São Paulo, USP-ECA-CCA-Paulinas, ano XII, n. 1, pp. 97-103, jan./abr. 2007.

BOURDIEU, Pierre. *O poder simbólico*. Rio de Janeiro: Bertrand Brasil, 1989.

BRANDÃO, Helena Nagamine. *Introdução à análise do discurso*. 4. ed. Campinas: Editora Unicamp, 2009.

CAMPOS, Casemiro de M. *Gestão escolar e docência*. São Paulo: Paulinas, 2010.

CITELLI, Adilson O.; COSTA, Maria Cristina C. (orgs.). *Educomunicação: construindo uma nova área de conhecimento*. São Paulo: Paulinas, 2011.

GAZZOTTI, J. A revista *Veja* e o obstáculo da censura. *Revista Olhar*, ano 03, n. 5-6, pp. 1-9, jan./dez. 2001. Acesso em: 04/06/2011.

HALL, Stuart. The centrality of culture: notes on the cultural revolutions of our time. In: THOMPSON, Kenneth (ed.). *Media and cultural regulation*. London/New Delhi: Thousand Oaks/The Open University/SAGE Publications, 1997 (cap. 5).

KOCHEN, Sílvia. Problemas Brasileiros. Educação. *Revista do SESC*, n. 405, maio/jun. 2011.

LAVAL, Christian. *A escola não é uma empresa: o neoliberalismo em ataque ao ensino público*. Londrina: Editora Planta, 2004.

MCLUHAN, Marshal. Visão, som e fúria. In: COSTA LIMA, Luiz. *Teoria da cultura de massa*. 4. ed. Rio de Janeiro: Paz e Terra, 1990.

MORIN, Edgar. *A cabeça bem-feita: repensando a reforma – reformar o pensamento*. Rio de Janeiro: Bertrand Brasil, 2000.

TOURAINE, Alain. *Crítica à modernidade*. Petrópolis: Vozes, 1994.

Aula do crime: o discurso jornalístico e a imagem do professor

Michel Carvalho da Silva

É comum associar a imagem do professor à de um profissional vocacionado à docência, em que o ofício de ensinar é mais do que uma atribuição do cargo, chegando a ser visto como uma missão, quase no sentido messiânico do termo. Essa representação idealizada do educador contrasta com a realidade de muitos professores brasileiros que enfrentam várias dificuldades no cotidiano para o exercício de sua prática, as quais vão desde formação precária até baixos salários, passando por condições inadequadas de trabalho e desinteresse dos alunos.

Esse modelo ideal é amplamente difundido em nossa sociedade, principalmente pela divulgação que nos é disseminada por meio dos meios de comunicação, que recorrem ao processo de estereotipia[1] para reforçar determinados traços associados à imagem do bom docente. Quando este profissional transgride, de alguma maneira, o senso comum, está sujeito a julgamentos vindo de diferentes atores sociais, incluindo estudantes, pais de alunos, dirigentes escolares e, dependendo da "transgressão" e de seu potencial noticioso, também dos meios de comunicação.

O professor, assim como todo ser humano, é representado socialmente por meio de sua vida, das palavras que pronuncia e do trabalho que efetua. O conceito de representação está no cerne das ciências humanas, como ressalta Foucault:

> [...] o que é a representação, senão um fenômeno de ordem empírica que se produz no homem e que se poderia analisar como tal? E se a representação se produz no homem, que diferença há entre ela e consciência? Mas a representação não é simplesmente um objeto para as ciências humanas; ela é [...] o próprio campo das ciências humanas, e em toda a sua extensão; é o suporte geral dessa forma de saber; aquilo a partir do qual ele é possível (FOUCAULT, 2007, p. 503).

Levando-se em conta o conceito foucaultiano, a representação pode ser considerada um dispositivo pelo qual o homem apreende o

---

[1] Para Citelli (2006, p. 35), o estereótipo, modelo de operação da linguagem tão incorporado aos discursos mediáticos, apresenta elemento ímpar, visto tratar-se de algo que finge preceder ao jogo da linguagem e à força dos contextos como referenciadores fundamentais do sentido.

mundo como objeto. O campo da comunicação, por integrar as ciências humanas, também opera sob a lógica da representação. A mídia, por meio de imagens e palavras, retrata o objeto real, com a finalidade de criar uma similitude entre signo e significado.

A imprensa, neste artigo entendida como a escrita, opera fundamentalmente pelo uso da palavra. Citelli (2006, p. 176) ressalta a capacidade da linguagem verbal, mesmo num mundo dominado pelas imagens,

> as palavras postas em circulação nos/pelos meios de comunicação, graças à sua enorme capacidade de produzir significados, velam e desvelam, constituem e restringem: como num baile de máscaras cobrem, recobrem e descobrem.

Dessa maneira, a instrumentalização do debate sobre educação pela imprensa direciona o interesse da sociedade para determinadas questões, ao mesmo tempo que esvazia a discussão de outras pautas.

A análise das matérias

O *corpus* do artigo é constituído por 16 matérias jornalísticas de cinco jornais diferentes, sendo dois de abrangência nacional (*Folha de S. Paulo* e *O Estado de S. Paulo*) e três regionais (*A Tribuna, Expresso Popular* e *Diário do Litoral*), conforme sintetizado na tabela 1. Os textos foram publicados entre fevereiro e maio de 2011.

Os textos analisados retratam o episódio em que o professor de matemática Lívio Celso Pini, de 55 anos, aplicou uma avaliação diagnóstica contendo seis problemas aritméticos em que os enunciados retratavam o submundo da criminalidade. A atividade foi aplicada aos alunos do 1º ano do Ensino Médio da Escola Estadual João Octávio do Santos, no Morro do São Bento, na cidade de Santos (SP). A mãe de uma aluna viu os exercícios e resolveu reclamar do educador junto à direção da unidade escolar, além de denunciá-lo à polícia.

Após a denúncia, um inquérito policial foi aberto para apurar o caso e a suposta responsabilidade do professor, que entrou em licença médica após a repercussão na imprensa. Além de ser investigado na instância criminal, o educador foi afastado de suas atividades profissionais por 120 dias pela Secretaria de Estado da Educação.

*Tabela 1 – Relação de reportagens selecionadas
sobre o episódio intitulado "aula do crime"*

Data	Título	Jornal	Editoria	Página
18 fev.	Professor usa contas do crime para ensinar matemática a adolescentes	*A Tribuna*	Baixada Santista	A-6
18 fev.	Professor dá "aula do crime"	*Expresso Popular*	Plantão policial	13
19 fev.	Professor diz que sua carreira está destruída	*A Tribuna*	Baixada Santista	A-7
19 fev.	"Fui mal-interpretado"	*Expresso Popular*	Plantão policial	15
19 fev.	Prova de matemática simula contabilidade do tráfico de drogas	*Folha de S. Paulo*	Cotidiano	C4
19 fev.	Professor cita *crack* e roubo em questão de matemática	*O Estado de S. Paulo*	Vida	A20
21 fev.	Diretora depõe hoje sobre aula do crime	*A Tribuna*	Baixada Santista	A-6
22 fev.	Professor do João Octávio deve depor ainda esta semana	*A Tribuna*	Baixada Santista	A-6
23 fev.	Alunos vão realizar manifesto hoje em apoio ao professor Lívio	*A Tribuna*	Baixada Santista	A-6
23 fev.	Alunos preparam ato em favor do professor	*Expresso Popular*	Plantão Policial	13

24 fev.	Professor queria "criar valores", diz advogado	A Tribuna	Baixada Santista	A-5
24 fev.	Professor queria "criar valores"	Expresso Popular	Plantão policial	13
24 fev.	Alunos fazem protesto para pedir a volta de professor	Diário do Litoral	Cidades	5
24 fev.	Professor presta depoimento à polícia civil	Diário do Litoral	Polícia	6
10 maio	Inquérito contra professor de matemática é arquivado	A Tribuna	Baixada Santista	A-4

O presente estudo faz uma análise global das matérias jornalísticas. Isso significa que os mecanismos linguísticos não serão detalhados em profundidade. O que interessa é verificar como o discurso jornalístico opera a construção de sentido dentro de um contexto sócio-histórico demarcado ideologicamente.

Orlandi (2000, p. 42) explica que "o sentido não existe em si, mas é determinado pelas posições ideológicas colocadas em jogo no processo sócio-histórico em que as palavras são produzidas". Dessa forma, este artigo analisa tanto os elementos verbais e não verbais dos textos quanto as formações ideológicas em que os produtores de discursos estão inseridos, como veremos a seguir.

A reportagem "Professor dá aula do crime", publicada pelo jornal *Expresso Popular*, no dia 18 de fevereiro, cria, de forma categórica, um efeito de certeza logo no título, sem permitir a possibilidade de dúvida. O leitor é imediatamente interpelado diante de uma realidade criada no e pelo discurso. Nesse título, o produtor do enunciado criminaliza o docente por apologia ao crime, prevista no artigo 287 do Código Penal, ou por incitação ao crime, descrito no artigo 286. Outra marca desse enfoque é o fato de o texto ser apresentado na editoria de Plantão Policial, juntamente com notícias de assassinatos, roubos e tráfico de drogas. O subtítulo "Testes dados pelo docente apresentam o conceito de que o crime compensa" reforça o discurso de que o educador realmente fez apologia ao crime.

Na edição de mesmo dia, o jornal *A Tribuna* apresenta a manchete "Contas do crime viram lições de matemática". Tanto o texto que acompanha a título quanto o da reportagem informam que o episódio está sendo chamado de "aula do crime". Observamos que o enunciador não identifica o autor desse rótulo, que, diante das circunstâncias, poderia ser a polícia que investiga o caso, os alunos, os pais desses estudantes ou mesmo uma denominação criada pelo próprio jornal.

A reportagem ainda apresenta o texto de apoio "Aluna relata que perguntas eram para avaliar a classe", no qual os pais de uma estudante comentam os motivos pelos quais denunciaram o professor à direção da escola e à polícia. O texto que ocupa quase uma página de jornal não traz nenhuma opinião especializada em educação, nem acadêmica, nem de representantes do professorado. Verificamos também que tanto a reportagem do *Expresso Popular* quanto a da *A Tribuna* mostram a fachada da escola e o caderno da aluna com a avaliação diagnóstica proposta pelo professor.

O texto "Professor diz que sua carreira está destruída", publicado em 19 de fevereiro pelo jornal *A Tribuna*, reafirma que o caso está sendo chamado de "aula do crime". Informa ainda que o jornalista conseguiu falar brevemente com o professor, que alegou estar abalado e não querer entrar em detalhes sobre o caso e a forma como elaborou as perguntas. A reportagem afirma que os mesmos enunciados utilizados pelo professor Lívio estavam disponibilizados em sites de humor, o que o jornalista ironicamente define como "algo do tipo vestibular para o crime".

Em "Pais indignados. Explicações evasivas", o enunciador nos diz:

> Indignação e revolta tomaram conta dos pais e responsáveis dos alunos da Escola Estadual João Octávio dos Santos, após descobrirem o conteúdo da prova de matemática aplicada pelo professor Lívio. Alguns ameaçaram até trocar os jovens de colégio caso não haja respostas imediatas e garantias de que não haverá repetição do fato.

O uso do pronome indefinido "alguns" produz uma incerteza na qual o leitor não consegue identificar se o número de pais que ameaçaram tomar essa medida é significativo. Na tentativa de mostrar o chamado "outro lado", o texto destaca o depoimento de um aluno que afirma ver com naturalidade os problemas propostos pelo educador.

A reportagem ainda divulga uma enquete realizada no site do jornal, na qual se pergunta: "Você concorda que professores em sala de aula abordem temas que façam apologia ao crime?". A consulta indica que 64% de 243 votos consideraram que a atividade proposta pelo professor Lívio poderia incentivar ainda mais a violência. A enquete, que não apresentou nenhum rigor científico, contribuiu com o consenso de que a opinião pública não é favorável à iniciativa do educador. Além disso, o texto ressalta que nos problemas aritméticos propostos pela "aula do crime" só os bandidos se dão bem.

No texto de apoio dessa mesma reportagem "Entre os pais, indignação e revolta", são expostos quatro depoimentos de pais e responsáveis de alunos que se posicionam contra a atividade pedagógica aplicada pelo professor de matemática. Entre os argumentos utilizados para desqualificar a iniciativa do docente, destacamos três: "... como um professor pode fazer isso com tanta coisa boa para ensinar?"; "No mínimo, o professor tem que ser afastado para uma reciclagem" e "Acho que o professor quis ser moderninho e acabou se dando mal". O texto ainda diz que o jornal informou a uma das mães sobre o caso, a qual defendeu a expulsão do docente, caso houvesse a confirmação da infração. O texto é ilustrado pela foto de agentes policiais na unidade de ensino com a legenda "Agentes da Dise[2] entregam intimação à diretora e ao aluno da escola".

O jornal *Folha de S. Paulo*, no mesmo dia, publicou a reportagem "Prova de matemática simula contabilidade do tráfico de drogas", com o subtítulo "Avaliação gera polêmica em escola estadual de Santos e docente é afastado pela Secretaria da Educação de SP". A abertura do texto ressalta que o teste incluía questão sobre prostituição e balas de fuzil AK-47. Além da foto do caderno contendo uma das seis questões propostas pelo professor, a matéria estrutura o discurso da criminalização por meio da ilustração de uma lousa escolar contendo a operação matemática "3+1=4", só que o resultado é representado por quatro tiros em vez do algarismo.

Das dezesseis matérias analisadas, a da *Folha* é a única que apresenta a opinião de uma especialista em pedagogia, Silvia Colello, professora da Faculdade de Educação da USP: "Há um apelo muito forte para que os professores relacionem os conteúdos com a sua realidade. (...) A escola deve falar desses temas, mas quando há espaço para a discussão".

---

[2] Dise (Delegacia de Investigações sobre Entorpecentes).

Porém, a fala da docente se apresenta de forma descontextualizada, fora do corpo do texto, o que não contribui para a discussão pedagógica.

A reportagem "Professor cita *crack* e roubo em questão de matemática", publicada pelo *O Estado de S. Paulo*, em 19 de fevereiro, afirma que a atividade proposta pelo professor Lívio divide opiniões de pais e estudantes. Para construir essa divergência, o texto apresenta a opinião de dois pais de alunos, um contrário, "Não sei onde ele estava com a cabeça, vai ver achou que estaria trabalhando com a realidade do morro"; outro favorável, "Ele só alertou sobre o que tem em todos os lugares. É um ótimo professor e todos os alunos gostam dele".

Na edição de 22 de fevereiro, o jornal *A Tribuna* publicou a matéria "Professor do João Octávio deve depor ainda nesta semana". Nela, o advogado do professor Lívio resume o depoimento da diretora da escola à Dise: "A diretora explicou ao delegado que os professores têm liberdade de conteúdo, em sala de aula, desde que respeitem a Lei de Diretrizes de Base (LDB) da Educação". O texto ainda informa que a dirigente escolar fez duas reuniões para tratar do conteúdo pedagógico das aulas, mas o professor de matemática não teria exposto a ideia de abordar temas como tráfico e prostituição.

No intuito de demonstrar equilíbrio na cobertura sobre o caso, o texto também destaca que, desde a publicação da primeira reportagem, o professor de matemática, por meio de sua página pessoal na internet, vinha recebendo apoio de amigos, colegas de trabalho, alunos e familiares.

O jornal *Expresso Popular*, de 23 de fevereiro, publicou "Alunos vão realizar manifesto hoje em apoio ao professor Lívio", com o subtítulo "Ato será em frente à Escola João Octávio dos Santos. Professor está afastado por suposta apologia ao crime". O texto informa que os estudantes pedirão o retorno do educador à unidade escolar porque o consideravam um profissional competente, e também pelo fato de que não estavam tendo aula de matemática desde o afastamento de Lívio.

A edição do jornal *A Tribuna* do mesmo dia apresenta reportagem sobre a mobilização que os alunos estavam organizando em apoio ao professor Lívio. O texto relata que apesar de discordar da abordagem sobre os temas, a maioria dos estudantes defendia o docente: "De forma aleatória, sem qualquer caráter científico, *A Tribuna* apurou que de cada cinco alunos, quatro não viram motivos para a execração pública do professor". Ao comentar esse apoio dos alunos, o jornalista faz alusão ao tratamento que o educador vinha recebendo da opinião pública.

60 • Michel Carvalho da Silva

O texto também faz uma descrição pormenorizada da saída do professor depois do depoimento à polícia:

> Apesar do clima quente e abafado, Lívio vestia casaco para evitar ser visualizado. Pela mesma razão, ainda usava boné, óculos escuros e, a passos largos, saiu da sala onde prestou depoimento até entrar no elevador do 5º andar do Palácio da Polícia, onde fica a Dise.

A enunciação pressupõe que o educador não desejava ser visto pela imprensa, como costuma ocorrer com criminosos, quando se apresentam à polícia.

No texto de apoio "Ele está abalado", o jornalista pergunta ao advogado do professor: "O Sr. não considera que, ao invés de promover uma reflexão, os enunciados não poderiam incentivar alguns alunos a praticar as atividades neles descritas?". É possível observar nesta indagação que o enunciador (jornalista), independentemente da resposta, expõe seu juízo de valor ao pressupor na própria pergunta que os problemas aritméticos propostos pelo professor realmente incentivariam a prática criminosa nos estudantes. A intencionalidade do enunciador também fica caracterizada na pergunta: "Apesar do alegado propósito positivo da aula, o seu cliente agora se sente arrependido ou reconhece que foi infeliz na escolha dos temas?".

Na reportagem complementar "Pais pedem educação de qualidade ao Estado", o episódio que envolve o professor Lívio é utilizado como exemplo retórico para reafirmar o discurso da falta de qualidade no ensino público: "O caso do professor Lívio, dizem, é apenas um dos sinais de que o sistema de educação é falho".

A matéria "Professor presta depoimento à polícia civil", do jornal *Diário do Litoral*, de 24 de fevereiro, destaca como elemento pré-textual a "matemática do crime". A edição revela um trecho da proposta pedagógica feita pelo professor, em que o educador revela o objetivo da atividade: "estimular a reflexão e discussão sobre a situação dos adolescentes e jovens referente aos problemas relativos à violência que vivenciamos na sociedade atual, com o objetivo de avaliar suas atitudes na proposta de ações possíveis para diminuir estes problemas".

Essa reportagem ainda informa que, segundo o professor, as seis questões versando sobre tráfico de drogas, roubo de veículo, uso de arma de fogo, homicídio e prostituição foram retiradas da internet. O texto de apoio "Advogado afirma que professor depôs à base de calmante" ressalta o estado emocional do docente na época do depoimento à polícia, depois de toda a repercussão negativa do caso na imprensa.

Por fim, o jornal *A Tribuna*, no dia 10 de maio, publicou a matéria "Inquérito contra professor de matemática é arquivado". Nela, o enunciador inicia o texto ressaltando a repercussão nacional que o episódio teve. Depois, sintetiza em linhas gerais o que foi, segundo o próprio jornal, a "aula do crime":

> Ele e a sua aula estiveram no centro de uma polêmica que ganhou espaço em jornais, revistas, internet e emissoras de rádio e de TV, repercutindo nacionalmente. Relacionados a crimes, os temas dos problemas de matemática que aplicou a alunos com idades entre 14 e 16 anos de uma escola pública de Santos, no início deste ano letivo, suscitaram debates jurídicos e pedagógicos.

Pelo que verificamos, a matéria faz menção a um debate pedagógico que supostamente foi promovido na esfera pública, mas que, de acordo com a cobertura da imprensa, centralizou-se no campo criminal.

Ainda nesta matéria, o texto "Afastamento das funções continua" informa que, mesmo arquivado o inquérito criminal, o docente ainda está afastado da sala de aula. Em um trecho, o jornalista afirma que entre os documentos juntados à defesa do professor está o projeto político-pedagógico da Escola Estadual João Octávio dos Santos para 2011. Conforme este documento, o educador "pode planejar ações e intervenções para a melhora do trabalho realizado e estimular valores para uma educação transformadora". Ao contrário de outros textos publicados pelo jornal sobre o caso, neste o enunciador admite que a mãe de um dos alunos denunciou o professor antes da correção e discussão dos problemas aritméticos, como previsto no planejamento de aulas de Lívio.

O discurso jornalístico e sua influência na esfera pública

As práticas sociais, incluindo a do jornalismo, na medida em que dependam de significado para funcionar e produzir efeitos, se situam dentro do campo discursivo. Neste texto, o discurso é entendido como um conjunto de enunciados que visam ao efeito de sentidos.

De acordo com Milton José Pinto (2002, p. 88), todo discurso é "um simulacro interesseiro, produzido com o objetivo de se conseguir 'dar a última palavra' na arena da comunicação, isto é, de ter reconhecidos pelos outros as representações, identidades e valores". Nesse sentido, muitas vezes, a imprensa, com o objetivo de criar um efeito de verdade para determinado enunciado, não se limita a informar e transmite palavras de ordem, fazendo dizer ao leitor o que é necessário pensar.

Como observa Bourdieu (1997), os jornalistas devem sua importância ao fato de que detêm um monopólio real sobre os instrumentos de produção e de difusão em grande escala da informação. Porém, a relevância do discurso jornalístico se deve a sua circulação na esfera pública que, no pensamento de Habermas, pode ser definida como rede adequada para a comunicação de conteúdos, tomadas de posição e opiniões.

No entanto, para se legitimar como autoridade, o jornalismo precisa ser reconhecido socialmente como uma instância de credibilidade, isso nos remete à ideia de *ethos*, que, neste texto, pode ser entendido como a imagem que o jornalista (enunciador) pretende construir de si mesmo a fim de persuadir o leitor a identificar-se com o enunciado. Maingueneau explica como opera essa relação entre *ethos* e discurso:

> O universo de sentido propiciado pelo discurso impõe-se tanto pelo *ethos* como pelas "ideias" que transmite; na realidade, essas ideias se apresentam por intermédio de uma maneira de dizer que remete a uma maneira de ser, à participação imaginária em uma experiência vivida. [...] O poder de persuasão de um discurso consiste em parte em levar o leitor a se identificar com a movimentação de um corpo investido de valores socialmente especificados (MAINGUENEAU, 2004, p. 99).

Outra estratégia discursiva utilizada pela imprensa para criar um efeito de objetividade e distanciamento é o apagamento das marcas da enunciação. Com a ausência desses vestígios, é como se as notícias se enunciassem a si mesmas, isto é, como se o sujeito enunciador não existisse. Essa operação confere isenção e, consequentemente, credibilidade ao discurso da imprensa.

Mas sabemos que nem tudo o que é publicado na imprensa acontece do modo como foi apresentado, e esse pensamento se opõe à teoria do espelho em que o jornalismo é visto como reflexo do real. Na verdade, o discurso jornalístico constrói uma realidade que permite ao público produzir representações da sua relação com a realidade concreta. Essa construção simbólica está sujeita ao filtro editorial da imprensa que avalia, entre outros aspectos, quais fatos devem ser noticiados e quem está autorizado a falar sobre tais ocorrências. Baccega revela como o jornalismo elabora essa realidade encenada:

> Esse discurso jornalístico, uma das manifestações do discurso da comunicação, mascara a realidade. No entanto, difunde-se na sociedade que ele mostra mil faces do mesmo acontecimento. Essa é a postura dita liberal, que afirma: se queremos ter objetividade – já que todo discurso está eivado de subjetividade –, basta dar lugar, numa sociedade, a essa pluralidade de vozes que a constitui. E esse sofisma "aquieta" as consciências. Sofisma porque, evidentemente, se uma sociedade tem uma pluralidade de vozes, uma delas exercerá a hegemonia e procurará mantê-la, ou seja, não permitirá que todas as vozes falem com o mesmo caráter de verdade. Isso, quando conseguem falar (BACCEGA, 1998, p. 58).

Charaudeau (2006) ressalta que o efeito de verdade pretendido pela imprensa surge da subjetividade do sujeito em sua relação com o mundo, criando adesão ao que pode ser julgado verdadeiro pelo fato de que é compartilhável com outras pessoas e se insere nas normas de reconhecimento da sociedade.

A imprensa procura despertar o interesse do público a fim de mobilizá-lo, suscitando emoções pela informação que lhe é transmitida. Para Charaudeau (2006), esse recurso depende dos apelos emocionais que predominam em cada grupo sociocultural e no conhecimento dos universos de crenças que aí circulam. A educação é um dos assuntos que mais preocupam a sociedade em geral, por isso, as matérias sobre essa pauta despertam tanto a atenção dos leitores.

É possível observarmos a adesão e a mobilização do público em relação ao que é veiculado na imprensa, entre outras formas, pela seção de cartas, em que os leitores enviam comentários sobre as matérias veiculadas. No caso em que estamos analisando, a edição de 25 de fevereiro do jornal *A Tribuna* publicou três opiniões sobre o fato na seção "Do Leitor", sob o título de "Matemática do crime":

> Parabéns à aluna e família que vieram a público denunciar a utilização da matemática do crime em uma escola estadual de Santos. Infelizmente, há muito tempo a escola deixou de ter como principal função o ensino de matemática, português, história e geografia. Ora, se o próprio Ministro da Educação não sabe a diferença entre *cabeçalho* e *cabeçario*, não é à toa que o Brasil ocupa sempre os últimos lugares nos exames internacionais que avaliam capacidade de leitura, ciências e matemática (*A Tribuna*, Do Leitor, A-2, 25 fev. 2011).

> Fiquei chocada ao ler a reportagem. A notícia foi assustadora, mas me fez pensar: mesmo se utilizando de exemplos indevidos, será que ao menos o professor lecionava a matemática corretamente? O depoimento de um aluno indica que sim. Ai, que saudade dos velhos mestres (*A Tribuna*, Do Leitor, A-2, 25 fev. 2011).

Ainda não sabemos o que realmente aconteceu sobre o caso do professor de matemática que passou problemas com temas nada convencionais. Será pelo fato de a escola estar situada no Morro São Bento? E se fosse uma instituição particular, esses temas seriam abordados? As pessoas que residem no morro só poderão vivenciar esses temas, ou ficarão sempre confinadas a temas que tratam da exclusão? (*A Tribuna*, Do Leitor, A-2, 25 fev. 2011).

Verificamos que nenhuma das três cartas publicadas é favorável à atitude do educador. A seleção de comentários segue critérios internos adotados pela direção do veículo. O crivo do editor responsável pela seção de cartas neste caso pode indicar um direcionamento, a fim de reafirmar a culpabilidade atribuída à figura do professor junto à esfera pública.

O interesse do público também é motivado por contornos ficcionais que certos acontecimentos recebem pela imprensa. Para Bucci (2000, p. 142), "o noticiário da atualidade constrói pequenas novelas diárias ou semanais cujos protagonistas são tipos da vida real absorvidos por uma narrativa que funciona como se fosse ficção". No episódio intitulado "Aula do crime", o professor Lívio é representado como "vilão", aquele que no final da história deve ser punido.

As estratégias discursivas adotadas pela imprensa para atrair o público e as representações, bem como os efeitos de sentido construídos a partir delas, constituem o *métier* do jornalista. A imagem criminosa do professor foi composta a partir das posições ideológicas dos jornais. A seleção ou exclusão de uma declaração, assim como a escolha de uma fonte, revelam o enfoque pretendido nas matérias jornalísticas para o caso. No entanto, tais ações não podem ir de encontro à função social do jornalismo, regida pelo compromisso com os princípios éticos e o interesse público, como demonstra Chaparro:

> (...) o jornalismo e o jornalista interagem num cenário de obrigações e direitos, regulado pelas leis e pelos costumes. Daí derivam os balizamentos éticos e morais, os quês e porquês que devem servir de motivo à ação jornalística, caldeados pela consciência profissional, a faculdade moral de decidir pelo que é correto – o que supõe o conhecimento e a compreensão dos valores em jogo e a liberdade de ação (CHAPARRO, 1994, p. 117).

A ausência do debate pedagógico

No Brasil, assertivas sobre a importância do professor para a conquista de avanços na qualidade do ensino são recorrentes. A constante transformação da profissão do docente está ligada às mudanças pelas quais a sociedade atravessa, mas também aos discursos apresentados pelos governos, entidades de classe, movimentos sociais, universidades e meios de comunicação.

No entanto, a pesquisa "A Educação na imprensa brasileira – responsabilidade e qualidade na informação",[3] realizada pela Agência de Notícias dos Direitos da Infância (ANDI), mostra que os jornais impressos têm dificuldades para retratar o universo educacional, principalmente para conseguir problematizar o tema juntamente com outras discussões da esfera pública:

> De modo geral, o que se percebe é que a cobertura de educação não é abrangente no sentido de realizar amplas conexões com outras temáticas e que também apresenta dificuldades em inovar e ampliar a reflexão dentro do próprio universo educacional (ANDI, 2005, p. 11).

Esse levantamento ainda mostra que a cobertura dos jornais sobre educação prioriza o ensino que acontece nos espaços formais. Assuntos que exijam um debate mais aprofundado e que vão além das questões institucionais envolvendo os diferentes atores da educação acabam tendo espaço reduzido na imprensa. No caso do professor Lívio, a imprensa não conseguiu promover uma discussão qualificada no sentido de avaliar, por exemplo, se a proposta pedagógica adotada pelo docente tem relação com as orientações dos Parâmetros Curriculares Nacionais (PCN's) do ensino da matemática no nível médio.

Dentro das competências e habilidades a serem desenvolvidas em matemática, no item contextualização sociocultural, os PCN's (2002, p. 42) sugerem a aplicação de conhecimentos e métodos matemáticos em situações reais, em especial em outras áreas do conhecimento. Entre os objetivos da disciplina no nível médio, está o de "levar o aluno a aplicar seus conhecimentos matemáticos a situações diversas, utilizando-os na interpretação da ciência, na atividade tecnológica e nas atividades cotidianas".

---

[3] A pesquisa, publicada em 2005, foi elaborada em conjunto com o Ministério da Educação e com o apoio da Unesco. O levantamento realizado em 2004 analisou 5.362 textos publicados por 57 jornais brasileiros.

Trevisan (2002) ressalta que as iniciativas tomadas pelas escolas em direção à humanização dos seus procedimentos obterão mais probabilidade de sucesso à medida que encontrarem uma receptividade maior junto à opinião pública. No caso do professor Lívio, sua proposta pedagógica foi compreendida como transgressão porque não encontrou uma mentalidade social favorável ao debate, e isso se explica, em parte, pela cobertura da imprensa, que estigmatizou o episódio, desde a primeira matéria, como "aula do crime" ou "matemática do crime".

A tentativa do professor de aproximar o conteúdo programático do contexto social de seus alunos deveria ser avaliada sob o prisma da pedagogia do conflito, uma vez que a escola em questão fica localizada numa região com histórico de vulnerabilidade social. Abordar o tema da criminalidade por meio de problemas aritméticos pode até não ser a estratégica pedagógica mais adequada para desenvolver uma discussão sobre a temática, mas demonstra, pelo menos, que o educador não estava indiferente à realidade que circunda seus alunos, ao contrário, ele tomou partido. Iniciativa esta defendida por Gadotti:

> Educar nessa sociedade é tarefa de partido, isto é, não educa realmente aquele que ignora o momento em que vive, aquele que pensa estar alheio ao conflito que o cerca. É "tarefa de partido" porque não é possível ao educador permanecer neutro (GADOTTI, 2005, p. 75).

A educação na contemporaneidade exige que os conteúdos tradicionais sejam pensados juntamente com os tranversais. Os conflitos do cotidiano passam a ser ponto de partida para o desenvolvimento das atividades escolares, tendo o professor um papel fundamental nesse processo. Paulo Freire ressalta que a prática pedagógica não pode ser resumida à transmissão de conteúdos disciplinares:

> Assim como não posso ser professor sem me achar capacitado para ensinar certo e bem os conteúdos de minha disciplina, não posso, por outro lado, reduzir minha prática docente ao puro ensino daqueles conteúdos. Esse é um momento apenas de minha atividade pedagógica. Tão importante quanto ele, o ensino dos conteúdos, é o meu testemunho ético ao ensiná-los (FREIRE, 1996, p. 103).

Considerações finais

Como verificamos, o discurso jornalístico, por meio de palavras e imagens, constrói representações da realidade. Ao optar pelo título

"Professor dá aula do crime", o enunciador, como produtor do discurso, afirma categoricamente que o educador Lívio Celso Pini estava ensinando práticas criminosas a seus estudantes e, consequentemente, cometendo um crime previsto em lei.

As reportagens sobre o caso potencializaram uma reação moralista da sociedade, resultando numa condenação imediata, com direito a uma espécie de "cruzada" contra o professor da "matemática do crime". No final, com o arquivamento do inquérito contra o docente, constatamos a evidente disparidade entre o impacto da matéria acusatória e a tímida constatação da inocência.

Tomando como base a análise da cobertura da imprensa sobre o caso, podemos nos questionar se a Secretaria de Estado da Educação afastaria o professor de suas atividades, caso o fato não tivesse sido abordado de forma tão negativa nos meios de comunicação. A cobertura midiática pressiona os agentes de governo, até por sua influência na esfera pública, local de constituição democrática da opinião e da vontade coletivas. Nesse sentido, a suspensão de 120 dias aplicada ao professor pode ter relação direta com a repercussão do episódio.

A polêmica avaliação diagnóstica do professor Lívio Celso Pini nos permite concluir que a imprensa, no afã de despertar a atenção do leitor, optou por interpretar uma questão de caráter pedagógico como um episódio meramente criminal. O educador poderá voltar a lecionar no futuro, mas por muito tempo será lembrado como o professor da "aula do crime". Sua imagem junto à memória coletiva está irremediavelmente associada à de um educador que utilizava uma atividade pedagógica para recrutar estudantes para a criminalidade.

Mesmo o universo educacional sendo notícia recorrente na imprensa, o episódio "aula do crime" evidencia a falta de jornalistas especializados no campo da educação. A temática exige uma cobertura jornalística que procure abordá-la em toda sua complexidade. A simplificação, neste caso, só inviabilizou a discussão sobre como o educador pode promover valores humanos, trabalhando com a realidade do entorno escolar de seus alunos. A proposta pedagógica de um professor não deve ser retratada como criminosa só porque ousou fugir do convencionalismo ou porque não foi compreendida pela mídia.

Referências bibliográficas

A EDUCAÇÃO NA IMPRENSA BRASILEIRA. *Responsabilidade e qualidade na informação*. Brasília: ANDI, 2005.

BACCEGA, Maria A. *Comunicação e linguagem: discurso e ciência*. São Paulo: Moderna, 1998.

BOURDIEU, Pierre. *Sobre a televisão*. Rio de Janeiro: Jorge Zahar, 1997.

BRASIL. Secretaria de Educação Básica. *Parâmetros Curriculares Nacionais do Ensino Médio*: Parte III – Ciências da Natureza, Matemática e suas tecnologias. Disponível em: <http://portal.mec.gov.br/seb/arquivos/pdf/ciencian.pdf>. Acesso em: 13/04/11.

BUCCI, Eugênio. *Sobre ética e imprensa*. São Paulo: Companhia das Letras, 2000.

CHAPARRO, Manuel C. *Pragmática do jornalismo: buscas práticas para uma teoria da ação jornalística*. São Paulo: Summus Editorial, 1994.

CHARAUDEAU, Patrick. *Discurso das mídias*. São Paulo: Contexto, 2006.

CITELLI, Adilson O. *Palavras, meios de comunicação e educação*. São Paulo: Cortez, 2006.

FOUCAULT, Michel. *As palavras e as coisas: uma arqueologia das ciências humanas*. 9. ed. São Paulo: Matins Fontes, 2007.

FREIRE, Paulo. *Pedagogia da autonomia: saberes necessários à prática educativa*. 34. ed. São Paulo: Paz e Terra, 2006.

GADOTTI, Moacir. *Educação e poder: introdução à pedagogia do conflito*. 14. ed. São Paulo: Cortez, 2005.

MAINGUENEAU, Dominique. *Análise de textos de comunicação*. São Paulo: Cortez, 2004.

ORLANDI, Eni P. *Análise de discurso: princípios e procedimentos*. 2. ed. Campinas: Pontes, 2000.

PINTO, Milton J. *Comunicação e discurso: introdução à análise de discursos*. 2. ed. São Paulo: Hacker Editores, 2002.

TREVISAN, Amarildo L. *Pedagogia das imagens culturais: da formação cultural à formação da opinião pública*. Ijuí: Editora Unijuí, 2002.

Nas telas da TV: a representação do professor na "Turma 1901"

ELISANGELA RODRIGUES DA COSTA

"Por favor, salvem a professorinha!" Esse era um dos bordões característicos do personagem Caco Antibes (ator Miguel Falabella) no extinto programa humorístico "Sai de Baixo", da Rede Globo de Televisão. O bordão do personagem instiga a salvação, socorro ao profissional que exerce o magistério: o professor. O substantivo no diminutivo denota essa intenção.

A relação entre professor e aluno no ambiente formal de aprendizagem, ou seja, na escola, sobretudo na esfera pública, e os conflitos gerados pelas diferenças advindas de questionamentos acerca de sistemas educacionais, comportamentos juvenis e práticas pedagógicas permeiam as temáticas de programas de TV, de narrativas cinematográficas e de propagandas institucionais. Os conflitos abordados, geralmente, são as dificuldades e o papel do professor na sociedade contemporânea, situações tensas que, com os aparatos midiáticos, compõem uma espécie de "imagem" desse profissional. Dessa forma, o cotidiano da sala de aula e do profissional docente ganha cada vez mais espaço nos meios de comunicação, sobretudo na televisão. Nos últimos anos, tornou-se obrigatória a inclusão, nas pautas de telejornais, de reportagens e séries especiais sobre educação, além de programas jornalísticos específicos para debates sobre o tema.

Nesse sentido, este trabalho trata da composição que a narrativa televisiva constitui acerca do professor em um programa de gênero jornalístico. O *corpus* é formado por recortes de episódios da série "Turma 1901", quadro exibido em 2010 no programa "Fantástico", da Rede Globo de Televisão, sob a coordenação do jornalista Zeca Camargo. A série retrata o cotidiano de uma sala de aula do 9º ano do Ensino Fundamental numa escola pública do Rio de Janeiro. O destaque é para a edição especial "Conheça o dia a dia de Mirza, a professora da 'Turma 1901'" (exibido em 02/01/11). Para um transitar dialógico, fizemos um cotejo com o filme francês *Entre os muros da escola*, de Laurent Cantet. Nas reflexões, houve um olhar voltado para o filme de Cantet a fim de estabelecer diálogos entre produção cinematográfica e televisiva. Apesar de a narrativa no cinema se diferenciar da utilizada na

70 • Elisangela Rodrigues da Costa

televisão, atualmente, muitos recursos daquela linguagem são aplicados no contexto televisivo.

Nosso objetivo foi analisar como a reportagem televisiva da série "Turma 1901" representou o professor. Para tanto, ressalto a importância do conceito de *representação* com base no pensamento de Michel Foucault, que, em conexão com outros conceitos – discurso, televisibilidade, narrativa jornalística –, corroboram para a construção dessa imagem. A fim de atingir a meta proposta, inicialmente, apresentamos os conceitos direcionadores; em seguida, uma síntese do filme francês *Entre os muros da escola*; na sequência, estabelecemos um diálogo entre a atuação do professor no filme e a atuação da professora do quadro do "Fantástico", enfocando a importância das organizações discursivas. Encerramos a análise com as considerações finais.

Alguns conceitos norteadores

A ordem discursiva, para Michel Foucault, em sua obra *A ordem do discurso*, é o conjunto de procedimentos de controle do sujeito, internos e externos ao discurso, que colaboram para o estabelecimento de princípios que orientam os acontecimentos por meio de classificação, ordenação e distribuição. De acordo com o pensamento foucaultiano, esses procedimentos se utilizam de aparatos discursivos, que, neste estudo, são as narrativas cinematográfica e (tele)jornalística.

Para Foucault, os discursos são práticas organizadoras da realidade, ou seja, eles determinam hierarquias, distinções e articulam o que "pode" ou "não pode" ser dito. O autor, na obra citada, introduz a noção de poder como instrumento de análise no tocante à explicitação dos saberes; seu estudo está centralizado nas relações entre as práticas discursivas e os poderes que as atravessam. Em suas palavras:

> [...] suponho que em toda a sociedade a produção do discurso é ao mesmo tempo controlada, selecionada, organizada e redistribuída por certo número de procedimentos que têm por função conjurar seus poderes e perigos, dominar seu acontecimento aleatório, esquivar sua pesada e terrível materialidade (FOUCAULT, 2008, pp. 8-9).

Na observação do cenário contemporâneo, é possível afirmar que a televisão, na condição de meio de comunicação social, produz imagens, signos e significações que atuam diretamente nas práticas sociais "orientando" e até "ordenando" saberes sobre as novas formas de ver, ser e estar no contexto sociocultural. Em outra obra, *As palavras e as coisas,* Michel Foucault afirma que toda cultura dispõe de certos códigos, que, ao informar a sua leitura da realidade, fixam-se como uma espécie de ordem empírica. Sendo assim, pela ótica foucaultiana, entendemos que os episódios dos programas televisivos, por meio de suas imagens, são uma "realidade", quer dizer, uma "outra realidade", apesar de todo o investimento no reflexo e esforço em retratar o que é entendido socialmente como "real" (FOUCAULT, 2000, p. 209).

Para Dominique Maingueneau, o discurso jornalístico "é de certa forma antecipadamente legitimado, uma vez que foi o próprio leitor que comprou o jornal. Assim, procura apresentar-se como quem responde a demandas, explícitas ou não, dos leitores" (MAINGUENEAU, 2008, p. 40). Ao relacionarmos essa fala com o discurso do (tele)jornalismo, poderíamos dizer que, no ato de escolher assistir à determinada programação, o telejornal, por exemplo, o telespectador também já o está legitimando.

Entre as características do gênero telejornal estão a constante repetição de imagens, as análises de especialistas na legitimação de depoimentos, a linguagem fluida, rápida e de fácil entendimento, a espetacularização do fato, a reprodução de práticas constituídas e a intensa produção de sentidos. Sendo assim, não é possível desconsiderar recursos técnicos como o uso de câmeras especiais, efeitos cinematográficos e captação de imagens sob diversos ângulos como colaboradores na construção das reportagens do programa e do cenário dos personagens.

A argentina Beatriz Sarlo (1997, p. 68) utiliza a noção de televisibilidade para definir algumas especificidades da TV. Em *Cenas da vida pós-moderna – intelectuais, arte e vídeo-cultura na Argentina*, Sarlo não define um conceito propriamente para televisibilidade, mas propicia a interpretação de que seja uma espécie de condição, um estilo padronizado com linguagem própria, tais como o *zapping,* os símbolos, a própria narrativa televisiva. Por isso, atribui à televisão o status de o "local da verdade".

A pesquisadora e jornalista Rosa Maria Bueno Fischer também recorre à expressão televisibilidade, com base em Sarlo, e fundamenta o que chamou de "dispositivo pedagógico da mídia", agora sob a óptica de Foucault, para quem a televisão é

> um aparato discursivo (já que nele se produzem saberes, discursos) e ao mesmo tempo não discursivo (uma vez que está em jogo nesse aparato uma complexa trama de práticas, de produzir, veicular e consumir TV, rádio, revistas, jornais,

numa determinada sociedade e num certo cenário social e político) a partir do qual haveria uma incitação ao discurso sobre "si mesmo" (FISCHER, 2002, p. 155).

Fischer observa não só as estratégias da televisão em firmar-se como um local especial de "educar", da "verdade", que ela estabelece ao realizar a investigação dos fatos (violências, crimes), mas também como esse meio destaca o "ensinar como fazer" sobre determinadas tarefas cotidianas e relacionadas às práticas.

Em sua estreia, em 21 de novembro de 2010, o quadro "Turma 1901" segue o padrão da narrativa (tele)jornalística. Inicia-se com um questionamento que gera investigação concreta dos fatos, e, seguindo o pensamento de Foucault, elabora "outra realidade" fora da sala de aula. No entanto, o filme *Entre os muros da escola*, como o próprio nome afirma, mantém seu foco no interior das relações da instituição. Apresenta, nesse interior escolar, os conflitos que, em sua maioria, são gerados no exterior desse universo.

Síntese de *Entre os muros da escola*

No longa-metragem *Entre lês murs* (*Entre os muros da escola*), do diretor Laurent Cantet, o encaminhar da proposta inclui um direcionamento sob o viés da problemática gerada no microcosmo da França contemporânea. Uma sala de aula do 1º ano do Ensino Médio no colégio público Françoise Dolto, localizado na periferia de Paris, no chamado Distrito XX. É nesse colégio que estudam Burak, Boubacar, Souleymane, Khoumba, Rabah, Chérif, Wei, Esmeralda, entre outros adolescentes, imigrantes marroquinos, chineses, malineses, árabes, antilhanos.

O filme foi vencedor da Palma de Ouro de Cannes em 2008 e indicado ao Oscar de melhor filme estrangeiro em 2009. A narrativa cinematográfica retrata uma periferia francesa, inserida num modelo de ensino formal, que esbarra, durante toda a narrativa, nas dificuldades de interação entre os imigrantes frequentadores da escola, nos conflitos familiares, nos preconceitos e na necessidade do sistema educacional francês em manter uma "disciplina" organizacional, que parece não impor mais limites aos estudantes adolescentes.

O filme em si pode ser denominado docudrama – não é documentário e não é ficção –, ou seja, tanto o professor quanto os alunos e os demais envolvidos na narrativa interpretam a si mesmos. O longa de Cantet é baseado no livro do escritor e professor François Bégaudeau.

No enredo, ele é o professor de língua francesa, François Marin, que assume o desafio de lidar com uma sala de aula tão heterogênea e com diversidades culturais, étnicas, econômicas, que por si só geram inúmeros conflitos. O professor e a direção da instituição insistem em um modelo escolar com base em disciplinas e normas, no qual a linguagem assume o campo de batalha do conflito cultural encenado.

A narrativa demonstra o quanto as relações de poder esbarram em confrontos diretos entre professores e alunos. Confrontos esses iniciados, sobretudo, pela linguagem, pelos discursos produzidos, nos quais o professor François Martin demonstra a hierarquia, "os ordenamentos", aos alunos através do uso social da língua. As tensões vivenciadas pelos imigrantes com a língua, o modelo institucional e um "processo civilizador" se revezam nas cenas em todo o longa.

A imagem constituída do professor no filme é a de um profissional que luta para garantir sua autoridade, ao mesmo tempo que se vê "obrigado" a mostrar a realidade de maneira mais otimista aos jovens desesperançosos, pobres e imigrantes.

Representação e projeção do "bom professor" na "Turma 1901"

As projeções da imagem da professora na narrativa da "Turma 1901" reforçam a concepção de Foucault sobre a representação, pois atuam como um "espelho" entre o mundo real e o ficcional, proporcionando ao telespectador a sensação de um modelo idealizado de professor, ou melhor, do "bom professor".

A escolha do quadro elaborado por Zeca Camargo foi proposital, pois o apresentador afirmou ter como referência para sua produção o filme *Entre os muros da escola*, de Laurent Cantet. Prova disto é que, para o jornal *Folha de S. Paulo* (BORTOLOTI, 2010), o jornalista da Globo revelou que "a ideia não foi maquiar as mazelas da educação brasileira, mas também não apresentar um cenário de final dos tempos". Sendo assim, focalizamos nas análises à edição especial "Conheça o dia a dia de Mirza, a professora da 'Turma 1901'". Anterior a essa etapa, realizamos uma síntese com vista a elucidar o *corpus* deste artigo.

Sob a direção e apresentação de Zeca Camargo, o quadro "Turma 1901" foi composto de cinco episódios de quinze minutos cada, veiculado entre novembro e dezembro de 2010 no programa "Fantástico" da Rede Globo de Televisão. Na narrativa, houve a apresentação do cotidiano dos 29 alunos, entre os quais quatro eram os protagonistas: Patrick Santos, Rodrigo Muniz, Camila Catalão e Dandara Xavier. Todos eles alunos do 9º ano do Ensino Fundamental, filmados nas aulas de língua portuguesa ministradas pela professora Mirza Christine Leal da Silva.

O cenário das filmagens foi a escola municipal General Euclydes de Figueiredo, na Tijuca, zona norte do Rio de Janeiro. A escola pública foi escolhida após um ano de seletiva pelos produtores do quadro do "Fantástico"; localiza-se numa área cercada por favelas, mas não na chamada "zona de tiros dos traficantes" no Rio. Nos cinco episódios, observa-se um cenário típico da maioria das escolas públicas brasileiras, composto do tradicional quadro-negro, das carteiras agrupadas e em fileiras, do uso de livros e apostilas didáticas inseridos num sistema metodológico centralizado na palavra do professor. A professora de língua portuguesa Mirza Christine Leal da Silva é caracterizada como uma professora contemporânea, sempre maquiada e muito afetiva na relação com seus alunos adolescentes; gestos de carinho são frequentes com relação a eles. É nítido que ela leciona há anos na unidade escolar e, talvez, pela intimidade demonstrada, até já tenha sido, anteriormente, professora de alguns deles. Esquematizamos, com vistas a facilitar a leitura comparativa, um quadro entre o longa-metragem francês e a narrativa televisiva brasileira da "Turma 1901":

Narrativa	Escola	Bairro	Quantidade de alunos	Professor(a)	Disciplina	Sistema educacional	Imagem do professor(a)
Cinema *Entre os muros da escola*, de Laurent Cantet	Pública municipal	Subúrbio de Paris	30 alunos agrupados em sala	François Marin	Língua francesa	Reprobatório	Perfil de docente. Preocupado com a adaptação dos alunos ao sistema vigente.
Televisão "Fantástico" TV Globo "Turma 1901"	Pública municipal	Tijuca, subúrbio do Rio de Janeiro	29 alunos agrupados em sala	Mirza Leal	Língua portuguesa	Reprobatório	Perfil de docente. Preocupada e afetiva com cada aluno.

76 • Elisangela Rodrigues da Costa

Pela composição acima, percebe-se que o cenário e alguns conflitos são aproximados entre o filme francês e o quadro televisivo brasileiro. Neste momento, vamos nos dirigir aos pontos que consideramos fundamentais para futuras reflexões. Atentar para a chamada de abertura da "Turma 1901", em sua estreia em 21 de novembro de 2010.

> O que acontece dentro da sala de aula de uma escola pública brasileira? Para responder a essa pergunta, o "Fantástico" embarcou num grande projeto; desde o início de 2010, nós estamos acompanhando uma turma do 9º ano do Ensino Fundamental cheia de sonhos, esperanças e problemas também. São as histórias da "Turma 1901" que muitas vezes começam fora de sala de aula.

O entendimento do contexto social e do papel docente no quadro "Turma 1901" aponta para a necessidade de se autenticar o real como um dos muitos recursos das produções jornalísticas televisivas, sobretudo na abordagem sobre a docência no Brasil. Seria a necessidade de mostrar o real ou os supostos "efeitos do real"? O quadro do "Fantástico" se utiliza dos "efeitos de realidade", a começar pela necessidade de mostrar o contexto social em que a escola e os alunos estão inseridos: indo desde os familiares até os sonhos dos jovens adolescentes. Assim, a primeira cena do primeiro episódio do quadro mostra o baile de debutantes. Observe: CENA 1: EPISÓDIO 1.

> Após a abertura, o quadro mostra uma garota de 15 anos vestida para debutar, que é integrante da "Turma 1901", e depoimentos de parentes explicando as dificuldades para preparar a festa, ao lado de recortes sobre a vida difícil de seus pais. O narrador/apresentador revela que esse é o maior evento da vida da jovem.

Nota-se essa transformação do sonho em realidade, afinal, o telespectador, ao esperar uma sala de aula, é apresentado ao mundo privado, o extramuro da escola. Nessa análise, apropriamo-nos da concepção de "efeito de real", por Roland Barthes (2004, p. 181), que atribuía esse recurso a elementos obtidos no romance realista, os quais, sem aparente função narrativa, conferiam verossimilhança e credibilidade ao ambiente e, também, características aos personagens, instituindo uma espécie de transparência entre o leitor e o texto – hoje, no contexto televisivo, entre o (tel)espectador e as imagens.

Pontuamos trechos da abertura do programa apenas para vislumbrar a dinâmica da produção televisiva que, de acordo com sua linha editorial, tinha como principal objetivo demonstrar que é possível jovens estudantes conquistarem seus sonhos profissionais, ainda que originários de regiões com muitos problemas, de condições socioeconômicas baixas e frequentadores de escola pública.

Após os cinco episódios, houve a edição exclusiva,[1] já anunciada, com o objetivo de mostrar o dia a dia da professora da turma. Portanto, a partir deste momento, manteremos nossa proposta inicial, a observação da representação que a narrativa televisiva constitui acerca do professor.

A edição especial com a professora da "Turma 1901" inicia-se com imagens dos cinco episódios da série, nos quais são recortados trechos de gestos e atitudes de Mirza em aula. O apresentador, repórter, Zeca Camargo, ao anunciar a edição, recorre à imagem do "mestre" e "amigo" em sala. Observe o relato que o jornalista faz sobre a docente.

> Professor, quando é bom, a gente lembra com saudade para o resto da vida, você concorda? Assim é a Mirza, a mestra da história da "Turma 1901", que você conheceu aqui no "Fantástico"; é daquelas que a gente gosta de ter como amiga.

O discurso construído é o da professora amiga e "mestra". A imagem do "bom professor" volta à cena. Nesse momento, o apresentador mostra projeções da professora em sala e "enumera" uma sequência com três atitudes que legitimam ao público esse ordenamento à autenticação da competência da profissional. Visando a um melhor entendimento, enumeramos, sequencialmente, as falas e as imagens que sucediam a cada uma.

Narrativa	Imagens
1. Quando tem que dar bronca, ela dá.	1. Imagens da professora comentando com os alunos sobre as fofocas de namoros em sala.
2. Se algum aluno precisa de conselhos, lá está ela.	2. "Deixa de ser rebelde, Camila", cenas de Mirza conversando em particular com uma das alunas protagonistas.

---

[1] Edição especial: "Conheça o dia a dia de Mirza, a professora da 'Turma 1901'". Disponível em: <http://fantastico.globo.com/Jornalismo/FANT/0,,MUL1639052-15605,00-CONHECA+O+DIA+A+DIA+DE+MIRZA+A+PROFESSORA+DA+TURMA.html>. Acesso em: 14/11/11.

3. Até quando o assunto acontece fora dos muros da escola e os assuntos são os garotos, você pode contar com Mirza!	3. A professora opinando sobre um rapaz que uma aluna está paquerando: "ele é lindo".

Para Foucault (2000), a representação é formada tanto com o que é mostrado quanto com o que não é; por isso os sujeitos assumem posições determinadas pelo discurso, o que, por sua vez, delimita também os significados, inclusive para o próprio sujeito. Com vistas a garantir a legitimidade do discurso representado, o programa reforça a imagem da professora "ideal", pelo fato de ter acompanhado a rotina profissional de Mirza durante todo o ano letivo. Observe trecho do comentário de Zeca Camargo, anterior à visita à residência da professora, ratificando o processo constitutivo. Atente:

Durante todo o ano de 2010, o "Fantástico" acompanhou o dia a dia das aulas de português dessa carioca de 47 anos, professora da "Turma 1901", da escola municipal General Euclydes de Figueiredo.

A questão da intimidade, do adentrar junto à família da professora, numa relação mais aproximada com o telespectador, é um recurso muito forte nesse quadro. Na função de repórter, Zeca Camargo entra na casa da professora e grava cenas em sua residência. Observe:

Mas, e fora da escola, quem é Mirza Leal da Silva? Ela mora com a mãe e a tia, mas a família mais próxima é cheia de mulheres.

A ênfase no gênero feminino como predominante na profissão, aliada à inserção no mundo particular da docente, também é outra característica do discurso na narrativa da "Turma 1901". Zeca Camargo aproveita o momento de aproximação e aborda a escolha profissional da professora; a resposta dela reforça a construção da imagem do "bom professor": o sonho de ser professora. Observemos a afirmativa do repórter e a resposta de Mirza:

Mirza nunca teve dúvidas: sempre soube que seria professora.

"Quando eu era pequena, eu pegava giz da escola. Eu fazia meu trabalho de casa no quadro. O quadro era a porta do armário. Eu escrevia tudo na porta do armário. Eu estudava escrevendo a matéria, fazendo resumo na porta do armário para as bonecas na cama."

A afetividade é uma característica peculiar da professora destacada nos episódios e, principalmente, nessa última edição sobre sua vida. Recurso que justifica a afirmação do jornalista ao jornal *Folha de S. Paulo*: "o quadro acabou tendo um toque do filme *Ao mestre com carinho*".[2]

A edição especial sobre o cotidiano de Mirza por si só corrobora a seleção, o controle, a organização e a redistribuição da imagem do "bom professor".

O quadro, além de apresentar a professora afetiva, mostra o outro lado dessa imagem de Mirza, o da "mestra" exigente.

Mirza é carinhosa com os alunos e amigos, mas acredita em cobrança e empenho. É totalmente contra dar moleza em sala de aula.

"Para que eu vou passar a mão na cabeça? Para passar de ano e fazer parte de uma estatística e chegar lá na frente no Ensino Médio e ser reprovado de cara?", justifica a professora.

O enfoque acerca da forma comportamental da professora Mirza em relação aos alunos é questionado por Zeca Camargo: "Mas a professora deve se envolver com outros aspectos da vida do aluno ou só com o que acontece na sala de aula?". A resposta da docente:

"Esse eu acho que é o meu diferencial como professora. Até mesmo na escola, quando eu entrei, eu recebia muita crítica, porque eu me envolvia demais com os alunos. Eu tenho aquela coisa de abraçar, de chegar perto, dar beijinho, de conversar fora da sala de aula, de perguntar sobre a família. Isso é a minha marca. Isso é meu, isso é a minha personalidade", explica Mirza.

---

[2] O filme *Ao mestre, com carinho* (*To sir, with Love*. 1967. Direção: James Clavell) é um clássico do cinema que retrata um jovem professor que enfrenta alunos adolescentes e indisciplinados na década de 1960. O ator Sidney Poitier é Mark Thackeray, um engenheiro desempregado que resolve dar aulas em Londres, no bairro operário de East End.

O discurso da professora não é fixado na identidade profissional docente, ou seja, em sua metodologia, didática de trabalho em sala de aula. Nas palavras de Mirza, o grande diferencial, em sua prática pedagógica, é sua personalidade, que lhe permite aproximação com os alunos.

A construção da narrativa da "Turma 1901" sobre o fazer docente se dá por meio de imagens de sua privacidade, de depoimentos de parentes, de ações em sala de aula, de gestos de carinho da professora para com os alunos, de cenas em que ela aparece corrigindo comportamentos da turma e de comentários opinativos do apresentador, os quais direcionam e preparam o telespectador para as imagens e situações em cena. Além disso, há a construção representativa de alguém que sempre teve como sonho ser professora e que ama o que faz. Dessa forma, evidencia-se que Mirza, por ter feito a escolha pela profissão, encara os desafios de percurso no magistério como naturais.

Aliás, essa é a lacuna para a qual o quadro não traz respostas: Quais serão os terríveis desafios que Mirza enfrenta em sua sala sem as câmeras de TV? Quais as reações comportamentais naturais que Mirza teria sem a presença da equipe de filmagem? Observe a seguir que a representação da função de professor se molda às características das narrativas.

A convergência das linguagens: o papel do professor nas narrativas

Eugênio Bucci (2004, p. 133), ao abordar a questão da transgressão do jornalismo televisivo ao assumir determinadas práticas de produções ficcionais, em uma perspectiva narrativa que assimila uma forma de espetacularização da informação, destaca que a mídia "já cristaliza, em sua simples natureza, padrões que não são apenas tecnológicos, ideológicos, linguísticos, imaginários, mas também éticos". A estrutura da notícia e narrativas jornalísticas incorporam, cada vez mais, a visualização simulada, recursos da dramaturgia, numa espécie de hibridismo entre realidade e virtualidade.

O quadro "Turma 1901" utiliza vários elementos da computação gráfica, permitindo simulacros para explicações de determinados contextos dos episódios, além de outros recursos, como os quadros sem roteiro que acompanham os personagens com um mínimo de interferência, a filmagem de cenas cotidianas na escola e a entrada na residência dos protagonistas. Todos são aparatos que culminam em maior intimidade junto ao telespectador.

A edição especial com a professora Mirza Leal é estabelecida em ambiente privado e íntimo; o apresentador a mostra como uma amiga. Ele declara ao jornal *Folha de S. Paulo*: "o que faz a diferença é a professora da turma, Mirza Christine Leal da Silva, que parece ter traçado como meta dar um rumo na vida destes jovens". Anterior à construção do quadro, percebe-se que a escolha da professora é intencional, na medida em que ela conduz a distribuição das falas dos alunos personagens durante os episódios, procedimentos organizativos do discurso.

"Uma estratégia de comunicação", é assim que o diretor Laurent Cantet,[3] de *Entre os muros da escola*, define a pedagogia. De acordo com seu ponto de vista,

> a escola é um conjunto fechado em si mesmo, onde as crianças não querem falar a ninguém sobre esse universo que é delas. Mundo esse "fechado" também para os professores, porque são questionados por muita gente e há a tendência a se proteger, numa espécie de segredo de Estado.

Outro ponto a ser considerado é a descrição que o ator protagonista, François Bérgaudeau,[4] faz acerca da narrativa: "o filme mostra que a escola é uma sucessão de momentos que podem ser ótimos, mas sabemos que o resultado não será muito feliz porque haverá uma seleção, exclusão; uns passam, outros não". A exclusão aqui se constitui como ponto de conflito em sala de aula, sendo assim, a linguagem cinematográfica centraliza-se no binômio sala de aula e professor; ao contrário da televisiva, que perpassa o espaço escolar, entra na residência dos sujeitos protagonistas e vai para além dos muros da escola.

Na "Turma 1901", a professora Mirza é a própria cúmplice de seus alunos, reforçando a diferença apontada pelo apresentador Zeca Camargo da docente ser o diferencial da história: "eu acho que faz diferença ser assim, porque eles gostam disso. Eles gostam de atenção. Eles querem carinho, que muitas vezes eles não têm em casa. Então, aquela coisa do professor mais distante, para eles, é só uma aula", disse Mirza.

Esse comportamento da docente reforça que os modos como o professor se relaciona e se comunica com os alunos, bem como a metodologia

---

[3] Entrevista de Laurent Cantet no DVD do filme.
[4] Entrevista de François Bérgaudeau no DVD do filme.

82 • Elisangela Rodrigues da Costa

de trabalho, não estão separados de sua personalidade. Philippe Perrenoud (1999), ao analisar a comunicação do professor, afirma que não se pode separá-la do capital cultural, da ética e da motivação. E quanto à avaliação, acredita ser comum os professores avaliarem mais a pessoa dos alunos do que sua aprendizagem. Para o autor, cada professor cria sua hierarquia de excelência entre ele e os alunos.

Considerações finais

Os procedimentos adotados pelo diretor Laurent Cantet, em *Entre os muros da escola*, na construção do personagem do professor, demonstram um profissional angustiado e com desafios constantes. Neste momento, vale a noção de "ordem discursiva" de Michel Foucault, para quem o procedimento de exclusão, o de interdição, apresenta-se de três tipos: o tabu do objeto, que é a palavra proibida; o ritual da circunstância, isto é, a adequação ao sistema; e o direito de quem fala, ou seja, a palavra de autoridade. Essa "arena discursiva" legitima o papel do professor no filme como eixo central na distribuição de toda a representação.

No filme, o protagonista François é o personagem que faz uma espécie de "filtro" das ações, tanto dos alunos como dos professores; ele abusa dos jogos de interdição. Na narrativa, a todo o momento sua busca é pela cumplicidade dos alunos: "o professor se vê preso. Se ele excluir o aluno, fica ruim, ninguém quer isso; se não excluir, pode ser considerado como fraco", destaca o ator François Bégaudeau.[5]

Na linguagem cinematográfica, Cantet consegue mostrar que existe um caminho que sacraliza a escola e o seu discurso, uma espécie de proteção da instituição de "perturbações extramuros". E na contramão, está a atuação do professor François que, com toda a sua força, resolve seguir em frente e considerar essas desigualdades sociais, colocando-se como parte delas. O fato é que, apesar de toda a luta de François para entender essas discrepâncias, ele acaba por reproduzir e perpetuar as normatizações do sistema, forçando os alunos a se adaptarem.

A fala de autoridade do professor francês no enredo aproxima-se do conceito de "discurso competente" desenvolvido pela filósofa Marilena Chauí (1981, p. 7), para quem esse discurso "confunde-se, pois, com a linguagem institucionalmente permitida ou autorizada, isto é, com um discurso no qual os interlocutores já foram previamente reconhecidos

---

[5] Entrevista: DVD do filme.

como tendo o direito de falar ou ouvir". É um discurso que tem "autoridade", a tal ponto de fazer com que as supostas verdades da instituição, no caso do sistema de ensino, sejam expressão da verdade de todos.

A professora Mirza da "Turma 1901", embora não tenha como fugir do sistema de ensino tradicional, utiliza uma linguagem mais próxima dos alunos sem ser autoritária. Ela tem um bom relacionamento com eles. E os discentes também demonstram ter um bom relacionamento entre si. Ela se veste de modo informal, o que a aproxima ainda mais dos adolescentes, respeitando-os.

O ponto central da construção da imagem de professor no filme *Entre os muros da escola* e na "Turma 1901" é que, no primeiro, o professor é o transmissor do conhecimento; o personagem perpetua o sistema e, por vezes, mostra um mundo real, que não possibilita sonhos e desejos; a luta é pela sobrevivência e respeito às diversas etnias. Ao contrário da narrativa televisiva, que também é construída sobre os diálogos da professora, mas enfatiza, por sua vez, o tempo todo os "efeitos de real" na vida dos alunos. Mirza direciona as cenas para a autoestima dos alunos: "eu, pelo menos, tento mostrar para eles que é possível, que eles têm todo um caminho pela frente e que não podem desistir. Eles não podem abaixar a cabeça se alguém disser que eles não são capazes. Então, eu digo: 'Você é capaz, sim. Você é capaz do que você quiser fazer'", destaca.

Enfim, o filme mostra um desafio não apenas ao sistema de ensino, como também à própria cultura francesa, e isto é representado na construção da imagem de um professor que é enraizado não apenas no sistema, mas também na cultura de origem. O desafio é perpetuar um discurso autoritário, em que nem ele mesmo sabe se acredita, fracassado em sua visão, mas que é difícil ignorar.

Na "Turma 1901", a professora é uma profissional que faz o que gosta, o que sempre sonhou e tem uma personalidade marcada pela afetividade, num quadro composto por fantasias juvenis, no qual a representação de um mundo ideal de escola, infelizmente, ainda não reflete a realidade da maioria das instituições públicas brasileiras de ensino.

E é justamente a rotina de quatro docentes em uma escola pública o objetivo de outro quadro do "Fantástico" que parece dar continuidade ao "Turma 1901" – o quadro "Conselho de classe", que estreou no dia 13 de novembro de 2011. Em sua chamada, percebe-se a importância do acompanhamento ao professor no dia a dia em sala. Observe: "as câmeras do 'Fantástico' estão de volta à escola, só que, desta vez, não vamos acompanhar os alunos, mas os professores". Esse novo quadro merece posterior análise em outro artigo.

Referências bibliográficas

AO MESTRE, COM CARINHO. Disponível em: <http://interfilmes.com/filme_19840_Ao.Mestre.Com.Carinho-To.Sir.with.Love).html#Elenco>. Acesso em: 10/07/11.

BARTHES, Roland. O discurso da história. In: *O rumor da língua*. São Paulo: Martins Fontes, 2004.

BORTOLOTI, Marcelo. Novo quadro do "Fantástico" acompanha turma de escola pública. *Folha de S. Paulo*, São Paulo, 20 nov. 2010.

BUCCI, Eugênio. Na TV, os cânones do jornalismo são anacrônicos. In: BUCCI, Eugenio; KEHL, Maria Rita. *Videologias: ensaios sobre a televisão*. São Paulo: Boitempo, 2004.

CANTET, Laurent. *Entre os muros da escola*. São Paulo: Imovision, 2009. 1 DVD (128 min.).

CHAUÍ, Marilena. *Cultura e democracia: o discurso competente e outras falas*. São Paulo: Moderna, 1981.

FISCHER, Rosa Maria B. O dispositivo pedagógico da mídia: modos de educar na (e pela) TV. *Revista Educação e Pesquisa*, São Paulo, v. 28, n. 1, pp. 151-162, jan./jun. 2002.

FOUCAULT, Michel. *As palavras e as coisas: uma arqueologia das Ciências Humanas*. 8. ed. São Paulo: Martins Fontes, 2000.

_____. *A ordem do discurso*. São Paulo: Loyola, 2008.

MAINGUENEAU, Dominique. *Análise de textos de Comunicação*. São Paulo: Cortez, 2008.

PERRENOUD, Philippe. *Avaliação. Da excelência à regulação das aprendizagens: entre duas lógicas*. Porto Alegre: Artmed, 1999.

SARLO, Beatriz. *Cenas da vida pós-moderna-intelectuais, arte-vídeo cultura na Argentina*. Rio de Janeiro: UFRJ, 1997.

TURMA 1901. Conheça o dia a dia de Mirza, a professora da "Turma 1901". Disponível em: <http://fantastico.globo.com/Jornalismo/FANT/0,MUL1639052-15605,00-CONHECAODIAADIADEMIRZA-APROFESSORADATURMA.html>. Acesso em: 14 /11/11.

Pro dia nascer feliz: imagens da educação brasileira

Maria do Carmo Souza de Almeida

Nossa contemporaneidade está marcada pelas reconfigurações dos modos de ser, de estar e de relacionar-se no tempo e no espaço (MARTÍN-BARBERO, 2010; CASTELL, 2010; HALL, 2006; CITELLI, 2011), em virtude da presença constante dos *media* nas nossas vidas diárias. Dessa forma, entendemos que os *media* precisam ser objeto de estudo por serem agentes de socialização, da comunicação e da educação e por terem, pois, uma função educativa (SETTON, 2010).

Setton (2010, p. 20) defende um olhar mais atento aos veículos de comunicação, pois os pensa como "matrizes de cultura" (MARTÍN-BARBERO, 2008), em virtude de eles produzirem sentido e símbolos que orientam o próprio

> processo de construção do nosso pensamento (valores abstratos), de nossa ação (comportamentos visíveis) e no processo de relação com os nossos semelhantes valorizando ou condenando práticas de cultura.

Ela aponta para essa necessidade tendo em vista a ideia de que a linguagem mediática pode ser um instrumento de poder. Já Saliba (2007, p. 90) sustenta a importância de discutirmos criticamente as imagens que nos rodeiam e que, de certa forma, já estão canonizadas. Ele mostra essa necessidade a fim de identificarmos como essas imagens se configuram no mundo atual, considerando que elas provocam "um efeito de real". Assim, para o autor, aquilo que é imagem, representação, sem um olhar crítico, muitas vezes, é tomado como realidade; ou seja, passamos a observar essas imagens e dizemos "é isso mesmo". Por sua vez, Citelli (2008, p. 26) chama a atenção sobre a força da linguagem verbal presente nos *media,* podendo resultar em monopólio interpretativo.

Partindo das ponderações expostas anteriormente e de uma perspectiva mais ampla para investigar a imagem do professor veiculada pelos *media*, o objetivo deste artigo é analisarmos o documentário nacional *Pro dia nascer feliz* (2006), a fim de observarmos como a figura do professor está representada. Entendemos que, ao apontar como esse filme representa o fazer docente, também promoveremos remissão a todo o contexto que envolve a profissão. Isso significa perceber nuances da imagem que o professor tem do aluno, da que o aluno tem do docente e da que o estudante tem da escola.

Para iniciarmos nossas considerações sobre como se configura a narrativa fílmica do documentário *Pro dia nascer feliz*, importa mencionar que o fazemos tendo em vista a ideia de que um filme "oferece um conjunto de representações que remetem direta ou indiretamente à sociedade real em que se inscreve" (VANOYE; GOGLIOT-LÉTÉ, 1994, p. 55). Assim, embora, segundo o diretor do longa-metragem, João Jardim,[1] o objetivo do documentário tenha sido abordar a relação entre os adolescentes e a escola, cremos ser pertinente a afirmação de que as discussões que o filme suscita permeiam toda a sociedade brasileira. Dentre elas, a desigualdade de oportunidades entre jovens de diferentes segmentos sociais e as questões relacionadas ao ser professor.

Iniciaremos nossa investigação apontando os pressupostos teóricos nos quais nos apoiaremos. Em seguida, apresentaremos a configuração da narrativa fílmica, as nossas reflexões e interpretações, os diálogos e as considerações finais.

A questão do *ethos* e da representação

A tese de que, para ser eficiente, a argumentação deve ser desenvolvida tendo em vista o auditório, é uma das contribuições da retórica clássica para os estudos da linguagem (PERELMAM; OLBRECHTS--TYTECA, 1996).

Maingueneau (2001, 2005, 2008) recupera a noção desse conceito e ressignifica-o a partir da perspectiva da análise do discurso, para a qual o *ethos* não é só um meio de persuasão, pois está ligado ao ato de enunciação. Isso significa que nos permite "refletir sobre o processo mais geral de adesão de sujeitos a uma certa posição discursiva" (2005, p. 69). Persuade-se pelo *ethos* quando o efeito do discurso torna o orador digno de confiança. Essa confiança, entretanto, não advém de um conhecimento preciso sobre orador, isto é, de seus "atributos 'reais'" (MAINGUENEAU, 2008, p. 59). Ao proferir um discurso, o orador passa uma imagem que erigirá enunciados com mais ou menos crédito e isso ocorre sem que necessariamente o destinatário tenha um conhecimento

---

[1] Entrevista com João Jardim. Disponível em: <http://cinema.uol.com.br/ultnot/2007/02/09/ult4332u10.jhtm>. Acesso em: 30/01/2010.

prévio do enunciador. Há ainda o *ethos* pré-discursivo, no qual o destinatário pode construir uma representação antes que o enunciador fale. "O simples fato de que um texto pertence a um determinado gênero ou a certo posicionamento ideológico induz expectativas em matéria de *ethos*" (MAINGUENEAU, 2005, p. 71). Por exemplo, quem escolhe assistir a um filme porque conhece o trabalho de determinado diretor, já o faz com expectativas prévias.

O que nos interessa destacar aqui é o fato de que qualquer discurso, oral ou escrito, possui uma "vocalidade específica, que permite relacioná-lo a uma fonte enunciativa por meio de um tom que indica quem o disse" (MAINGUENEAU, 2005, p. 72). Esse tom possibilita que o destinatário construa uma representação desse enunciador. Dessa forma, *ethos* é, em essência, a imagem em que a pessoa se fia, por isso a ideia de "fiador". Portanto, para o autor, "o poder de persuasão de um discurso consiste em parte em levar o leitor a se identificar com a movimentação de um corpo investido de valores socialmente especificados" (MAINGUENEAU, 2001, p. 99).

Assim, entendemos que "esses valores socialmente especificados", aos quais o autor se refere, remetem-nos ao conceito de representações sociais como "sistemas de interpretação que regem nossa relação com o mundo e com os outros" e "orientam e organizam as condutas e as comunicações sociais" (JODELET, 2001, p. 22). Nós nos "fiamos" na imagem que condiz com as nossas crenças, com os nossos valores. Enfim, com os modelos de conduta que compartilhamos com a comunidade na qual vivemos. Portanto, neste artigo, nosso objetivo é refletir como funciona esse "trabalho das representações" (HALL, 1997), no filme em foco, pensando nos *media* entendidos como "matrizes de cultura".

Foucault (2007, p. 5), em sua análise do quadro *Las Meninas* de Velásquez, afirma que o olhar do pintor coloca-nos no lugar do modelo, mas, por não sermos o modelo, estamos sobrando. Segundo o autor, "o que olha e é olhado permutam-se incessantemente". Dessa forma, ao dizer que "nenhum olhar é estável" e que "no sulco neutro do olhar que transpassa a tela perpendicularmente, o sujeito e o objeto, o espectador e o modelo invertem seu papel ao infinito", Foucault (2007, p. 5) reporta-nos ao "trabalho" da representação, isto é, de que os significados são sempre construídos nos e pelos discursos. Isso significa que

por mais que se diga o que se vê, o que se vê não se aloja jamais no que se diz, e por mais que se faça ver o que se está dizendo por imagens, metáforas, comparações, o lugar onde estas resplandecem não é aquele que os olhos descortinam, mas aquele que as sucessões da sintaxe definem (FOUCAULT, 2007, p. 12).

Esse é, portanto, o "trabalho da representação", no dizer de Hall (1997), para quem representação é a produção de significados por meio da linguagem a partir dos conceitos em nossas mentes. Isto é, nossas imagens mentais. Portanto, "o significado não está nas coisas, é construído, produzido por um sistema de representações" (HALL, 1997, p. 21). Segundo o autor, cabe ressaltar que os significados só podem ser pensados em função do universo cultural em que são produzidos. Importa reforçar que, em nossas reflexões sobre *Pro dia nascer feliz*, a fim de observarmos como o discurso fílmico representa o professor e o universo escolar, partiremos dessas considerações acerca da visão discursiva de *ethos* e da representação pensada a partir da relação entre a linguagem e a cultura. Além desses conceitos norteadores, igualmente importante é a visão que concebe a película como discurso e como documento, sobre a qual discorreremos em seguida.

O filme: discurso e documento

Duas perspectivas norteiam nossa forma de observar a obra cinematográfica: a percepção do filme como documento e como discurso. Enxergar o filme como um documento significa notar que ele "não vale somente por aquilo que testemunha, mas também pela abordagem sócio-histórica que autoriza" (FERRO, 2010, p. 32). Percebê-lo como discurso (BAKHTIN, 1995, 2003, 2005) indica considerá-lo em sua conexão com os entornos envolvidos no momento de sua produção. Entendemos, portanto, que o filme, como discurso, "não pode ser analisado como um objeto verbal autônomo, mas [...] como uma prática social ou como um tipo de comunicação numa situação social, cultural, histórica ou política" (DIJK, 2008, p. 12).

Dessa forma, nossas análises – em consonância com a perspectiva adotada por Napolitano (2007, 2010); Morettin (2000, 2007); Kornis (1992, 2008) e Xavier (2009) – tomam como ponto de partida o filme, procurando observar como a narrativa fílmica é construída em sua especificidade, isto é, como as diferentes linguagens que compõem o documento audiovisual são organizadas em função do discurso que ele constrói sobre o contexto social o qual o abarca e que ele quer representar. Cabe notar que, conforme Napolitano (2010, p. 240), "nenhum documento fala por si mesmo". Ou seja, as fontes audiovisuais, tais como outras, são "portadoras de uma tensão entre evidência e representação". Cumpre considerar também que a linguagem, seja qual for o seu uso – o cotidiano, o prático, o científico, o artístico etc. –, configura-se em torno de relações dialógicas. Dessa forma, qualquer enunciado, como é o caso do filme, implica "antes do seu início, os enunciados de outros; depois do seu término, os enunciados responsivos de outros" (BAKHTIN, 2003, p. 275).

Os autores que concebem as linguagens audiovisuais como documento afirmam não existir um método de análise que abranja todas as fontes, visto que as possibilidades da observação são diversas e cabe ao analista identificá-las. Napolitano (2010, p. 266) defende que "os 'conteúdos', as linguagens e as tecnologias de registro formam um tripé que [...] irá interferir no potencial informativo do documento" (p. 267). Dessa forma, o autor sugere alguns passos para a avaliação, dentre os quais recortamos aqueles que nos interessam para atingirmos os objetivos propostos neste trabalho: observar os elementos narrativos a fim de identificar "o que um filme diz e como o diz; os elementos narrativos ou alegóricos da encenação do filme a partir de planos e as sequências, técnicas de filmagem e narração, elementos verbais, imagéticos e musicais" (NAPOLITANO, 2010, pp. 282-283). Além disso, o autor aponta que não se pode esquecer de que "todo filme, ficcional ou documental, é manipulação do 'real'".

Assim, neste texto, adotamos a perspectiva de Ferro (1976, p. 203) de abordar o filme não como obra de arte, mas "como um produto, imagem-objeto, cujas significações não são somente cinematográficas". Isto é, ele deve ser observado "por aquilo que testemunha". O autor defende ainda a não necessidade de analisar uma obra inteira. Ou seja, podemos fazer recortes e examinar fragmentos de filmes. Entretanto, assim como Napolitano (2010), afirma ser essencial acrescentar a essa análise outros documentos com os quais o filme possa dialogar. A fim de atingirmos nossos objetivos, fizemos alguns recortes, como veremos a seguir.

Pro dia nascer feliz:[2] configuração da narrativa fílmica, reflexões e diálogos

Pro dia nascer feliz é um documentário dirigido por João Jardim, realizado entre abril de 2004 e outubro de 2006,[3] que versa sobre o jovem e sua relação com a escola, e, de certa forma, acaba por abarcar o universo educacional brasileiro. Focaliza predominantemente quatro instituições: a Escola Estadual Cel. Souza Neto, em Manari, Pernambuco; a Escola Estadual Guadalajara, em Duque de Caxias, Rio de Janeiro; o Colégio Estadual Parque Piratininga II, em Itaquaquecetuba, São Paulo; o Colégio Santa Cruz, no Alto de Pinheiro, São Paulo. A forma dramática adotada pelo documentarista são as entrevistas.[4]

Em cada uma das escolas, foram filmados depoimentos de alunos, professores e diretores sobre seus anseios, suas dificuldades, suas expectativas em relação às suas vidas e, sobretudo, em relação às questões que configuram o cotidiano escolar. Além disso, a câmera nos leva a perscrutar o interior das diferentes unidades de ensino, o contexto que as cerca e alguns eventos que ocorrem nesses ambientes, tais como aulas, intervalos, conselho de classe, atividades extraclasses e festas. Cabe mencionar que optamos por fazer o entrelaçamento simultâneo da descrição de nosso objeto de estudo, o filme, com os diálogos que ele suscita e com nossas interpretações e reflexões conforme Lopes (1995) orienta ser possível.

No início da projeção, ainda durante os créditos iniciais, ouvimos: "Às vezes, eu acho que é um pouco violento esse jeito como... sei lá como se vive no mundo... às vezes as pessoas têm de deixar de lado o que elas acreditam pra conservar a vida... é isso". Identificamos um burburinho característico de intervalo em ambiente escolar. Logo a seguir, o filme se inicia com imagens, em preto em branco, de um noticiário de 1962. Em um plano de detalhe, observamos imagens documentais de manchetes dos jornais impressos da época: "Na cidade sem escolas jovens escolhem o crime" e "Preocupa o país o problema da juventude transviada". Simultaneamente, ouvimos a voz *off*[5] do narrador do noticiário a perguntar

---

[2] *Pro dia nascer feliz*. Direção, roteiro e edição: João Jardim. 2007. 1 DVD.

[3] Informação retirada do DVD do filme.

[4] O diretor afirma que o formato não é de entrevistas em si, mas sim de um "diário de observação" em que ele buscou mesclar as histórias dos jovens com os momentos de suas vidas. Disponível em: <http://cinema.uol.com.br/ultnot/2007/02/09/ult4332u10.jhtm>. Acesso em: 05/03/2011.

[5] A voz *off* ocorre quando a fonte do som da voz não está na tela, mas está no espaço *off*, que é contíguo ao espaço visível da tela. A voz *over* não está "ligada" exatamente ao que está acontecendo na tela. Informação verbal fornecida por Ismail Xavier em aula da disciplina

"Até quando veremos manchetes assim" e "Se a culpa será da juventude dita transviada ou somos nós que não lhe oferecemos um caminho".

Na sequência seguinte, o noticiário mostra a figura de um menino, e o narrador questiona se ele saberá votar no futuro, se saberá escolher os dirigentes da pátria. Aparece a imagem de jovens roubando um carro e novamente o narrador questiona se alguém já ensinara àqueles jovens que seus problemas não se resolvem daquela maneira e ainda "Se alguém lhe deu escola, uma oportunidade, um futuro". O locutor levanta a hipótese de que "se para votar bem é necessário favorecer a educação, o problema do Brasil é alterar para melhor esse panorama sombrio"; afirma ainda que, em 1962, "De 14 milhões de brasileiros em idade escolar, apenas a metade chega a frequentar aulas e aprender a ler". Isto em 1962. Enquanto ouvimos a narrativa, podemos observar imagens de estudantes em ambiente escolar. Cabe observar que, de acordo com Gaudreault e Jost (2009), muitos são os efeitos que "cartelas", ou as intervenções escritas (orais também) podem ter nos filmes, tais como, por exemplo, fornecer ao espectador "instruções" de como interpretar a cena, ou fixar alguma ideia, ou, de certa forma, nomear aquilo que a imagem só pode mostrar.

Já no plano do presente, sobre a tela escura, destacam-se dois textos: o primeiro afirma que "44 anos depois, 97% das crianças com idade escolar entram na escola. Com o passar dos anos, muitos abandonam, 41% não concluem a 8ª série"; e o segundo aponta que "segundo avaliações promovidas pelo MEC, a metade dos estudantes do Ensino Fundamental não consegue ler ou escrever corretamente". Aqui, entendemos que esse silêncio propiciado pelo recurso da tela escura confere um tom de denúncia. O documentário estabelece seu posicionamento sobre as mudanças das oportunidades oferecidas no passado em relação à atualidade, pois 97% dos estudantes, hoje, dão início ao período escolar. Entretanto, sentencia que quase 50% não terminam o curso fundamental, e os que conseguem o fazem em parte, em virtude de metade não ser capaz de ler e escrever ao final do Ensino Fundamental. Há, portanto, de acordo com o filme, algo errado nesse mecanismo, em que 44 anos depois de o noticiário afirmar que somente a metade de 14 milhões não frequentava a escola, nada parece ter sido alterado. Percebemos aqui a evidência das primeiras imagens do universo escolar sendo descortinadas:

cinema, memória e história: formas de representação audiovisual, na ECA/USP, em 23 nov. 2010.

a da ineficiência do sistema, no passado e na atualidade; e a da responsabilidade desse sistema com relação a questões outras, tais como a da violência e a da escolha dos representantes.

A apresentação da primeira escola inicia-se com um plano geral que nos revela uma estrada de terra; em seguida, a partir também de vários planos gerais, a câmera nos deixa ver Manari que, segundo letreiro, é uma das cidades mais pobres de Pernambuco. Ouvimos a voz *over* de uma menina, que mais adiante saberemos ser a de Valéria, citando um trecho do poema "Ausência" de Vinicius de Morais. O plano subsequente, também geral, focaliza a escola Estadual Cel. Souza Neto em sua parte frontal. A escola nos é descrita ora por meio de planos gerais, ora com uso do recurso da câmera na mão, que cria um "efeito de real" e nos leva a percorrer o ambiente e observá-lo em seus vários ângulos. É possível notar a precariedade em toda a parte. Enquanto isso, uma voz *over* comenta o fato de a verba que a escola recebe do Estado ir quase toda para pagamento de impostos e taxas. A câmera focaliza um latão com água suja e percorre os banheiros, sem lavatório, sem sistema de descarga, sem papel higiênico e com parte do forro sem telhas. As imagens nos mostram o cenário, e os depoimentos da aluna Clécia reafirmam o que estamos vendo. Ela fala da precariedade da escola, do que os alunos fazem com a merenda – "jogam pelas paredes" – e do fato de, apesar de tudo isso, ela gostar muito de ir à escola e de estudar. Logo após o depoimento da menina, a tela escura destaca os dizeres: "Existem 120 mil escolas no Brasil, 13,7 mil não têm água". Abaixo desse enunciado, podemos ler informações sobre a fonte: "Censo escolar 2004/MEC--INEP". Nesse ponto, o documentário denuncia uma segunda imagem do ambiente escolar público do Brasil: as más condições dos prédios e, por conseguinte, o descaso dos órgãos públicos em relação a esse fato.

Ficamos também conhecendo Valéria, de 16 anos, cujo depoimento denota a falta de perspectiva que o lugar reflete: "Aqui, na maioria das vezes, a gente não tem nem chance de sonhar". O filme já nos havia anunciado isso ao partir das imagens da estradinha de chão para, lentamente, apresentar-nos os prováveis locais mais importantes de Manari: o circo e "agência" de viagens.

Valéria afirma que é vista como diferente pelos colegas porque gosta de ler Vinicius de Morais, Carlos Drummond de Andrade e Manuel Bandeira. Cita que costuma escrever e que, na escola, as professoras não a reconhecem como produtora de seus textos e não lhe atribuem boas notas. Acreditam que a menina os copia de algum lugar.

Interessa pontuar aqui que esse fato nos remete a duas outras imagens do espaço educativo. A primeira demonstra o despreparo do professor, que parece não conhecer seus alunos e não ser capaz de identificar a Zona de Desenvolvimento Imediato (VYGOTSKY, 2004), isto é, o que os alunos já sabem e o que eles podem vir a ser capazes de aprender ou, no caso, de produzir. A segunda, cremos que diretamente ligada à primeira, evidencia que a produção à qual a aluna se refere, importante para ela, acontece fora do ambiente formal de ensino. Isso significa que tal fato ocorre independentemente da sua vida escolar. Não parece ser a escola a fonte dessa motivação. Perpassa aqui a imagem de uma instituição que não condiz com as expectativas dos estudantes, com suas vivências. Sobre isso, pesquisa da ONG Ação Educativa de São Paulo, realizada ao final de 2007, cujo tema era "Que Ensino Médio queremos?", indica que somente "13% dos jovens se diriam envolvidos com o ensino que lhe é oferecido" (SOARES, 2010, p. 25).

Na sequência seguinte, a partir de um plano geral, visualizamos dois ônibus em estado precário. Segue um relato, voz *off,* sobre a escola não ter Ensino Médio e, em decorrência disso, a prefeitura ter de disponibilizar dois veículos para levar os estudantes à cidade vizinha, Inajá. Depoimentos revelam que, às vezes, os alunos não vão à aula por falta de condução. Por meio do recurso da tela escura, aparece o texto: "Durante as duas semanas de filmagem, Valéria foi à escola somente três vezes. O ônibus estava quebrado". Percebemos, agora, que o documentário nos alerta para a responsabilidade dos órgãos públicos em relação ao acesso dos estudantes à educação. Não há Ensino Médio na cidade e não há transporte adequado para levar os estudantes ao colégio mais próximo. Novamente o descaso dos órgãos públicos é destacado.

Cabe notar aqui que, na continuidade, o depoimento da diretora da escola de Ensino Médio da cidade vizinha, Inajá. Ela assegura que "Com certeza, quando os estudantes são avaliados, seus conceitos são insatisfatórios" e que o professor "É obrigado a rever a situação e oferecer uma oportunidade, uma recuperação paralela". Porém, afirma que isso tudo é feito em três dias para a escola inteira, com todas as disciplinas, e não há como o professor rever toda a matéria. Portanto, os alunos têm de fazer isso sozinhos. Outra vez o documentário firma a imagem de total ineficiência do sistema.

Ouve-se o depoimento de Valéria atinente ao fato de existirem professores que nunca vão à sala de aula, motivo pelo qual o substituto se torna presença corriqueira. Logo após, há outra fala da aluna

Viviane, citando uma ocorrência do ano anterior às filmagens, em que uma professora atribuía a mesma nota a todos os alunos, inclusive aos desistentes. Segundo a menina, essa docente não frequentava a sala, por isso, não sabia distinguir quem ainda estudava ou não.

Na cena posterior, a docente Denise expõe o fato de muitos alunos irem à escola, mas não para assistirem à aula. Ela menciona que, por isso, o educador se desestimula. Afirma também que ficava até o último horário, mas os alunos pediam para irem embora. Relata que, todas as sextas-feiras, onze professores costumam faltar em virtude de um curso de pós-graduação, por conseguinte um único professor tem de dar aula em várias salas. Assinala ainda que na comparação entre o professor que tem compromisso – envia substituto, caso se ausente – e aquele que não demonstra essa preocupação está a postura dos próprios alunos, que não manifestam interesse.

Cremos ser pertinente destacar dois pontos. O primeiro é sobre as faltas dos professores. Fato registrado em diversas passagens do documentário, que reforça a imagem frequentemente veiculada pelos *media*[6] de que um dos motivos dos baixos índices no IDEB[7] e no PISA[8] é o excesso de faltas do professor da rede pública de ensino. O segundo é o retrato do "círculo vicioso" que a fala da professora Denise expressa. O desinteresse do aluno provoca o desestímulo do professor, que falta e, por sua vez, desmotiva e desencoraja o aluno.

A passagem da primeira escola para a segunda é feita a partir de um movimento de câmera, em *travelling*,[9] em primeiríssimo plano, revelando uma estrada de chão, à noite, só iluminada pelo farol do carro. A câmera abre, então, para um plano geral, mostra um amanhecer, corta para uma rodovia movimentada e focaliza uma pessoa na janela de uma casa. Legendas dão conta de que agora estamos em Duque de Caxias, a 15 km da cidade do Rio de Janeiro. Vemos uma rua movimentada e, também, em plano geral, a câmera leva-nos até o bairro no qual está o Colégio Estadual Guadalajara. Uma legenda afirma que "a boca de

---

[6] Recentemente, de 10 a 14 de maio de 2011, a Rede Globo de Televisão veiculou reportagens no Jornal Nacional sobre a educação brasileira, nas quais foi dada ênfase à questão das faltas dos professores no sistema público de ensino.

[7] Índice de Desenvolvimento da Educação Básica.

[8] Programa Internacional de Avaliação de Alunos.

[9] "O *travelling* consiste num deslocamento da câmera durante o qual permanecem constantes o ângulo entre o eixo óptico e a trajetória do deslocamento" (MARTIN, 2007, p. 47). No caso do filme, o *travelling* teve o objetivo de nos revelar a trajetória feita da escola do interior de Pernambuco até a escola localizada em Duque de Caxias, no Rio de Janeiro.

fumo fica a poucos metros do colégio". Ouvimos o depoimento do aluno Uanderson, junto aos colegas, sobre o medo de sequestro e de tráfico de órgãos. Essa passagem destaca a proximidade do universo da violência e do espaço escolar. Tal familiaridade vai ser reforçada em vários outros momentos.

Dando prosseguimento, a câmera mostra um plano geral do pátio da escola. Alunos vivenciam o que parece ser o intervalo. Entra em cena uma mulher dizendo que precisa ir para casa quem não tem aula. No caso, o 2º ano. O documentarista questiona o porquê de não haver aula. Os alunos afirmam que um dos professores dispensou-os e outra professora não veio. Somos, nesse momento, levados a percorrer o interior da escola, que apresenta aspecto precário. A câmera vai subindo as escadas. Mostra uma sala vazia e, em outra, alunos em pé, na porta, apesar da presença do professor. Dentro da sala, podemos visualizar discentes conversando. Ouvimos a voz *off* de um aluno afirmando que gosta quando o professor falta porque pode "zoar bastante", visto que gosta de ficar conversando com os colegas. Observamos, em uma sala de aula, a professora falando sobre um trabalho. Burburinho. Desatenção. Aula de história. Expositiva. Alunos alheios. Alguns de cabeça baixa. Novamente aqui, em outra escola, bem distante da primeira, localizada na região sudeste, tida como a mais desenvolvida do Brasil, os problemas são os mesmos da unidade localizada na pequena Manari.

O documentário focaliza o aluno Deivison Douglas. Dentre outros aspectos sobre esse aluno, destacamos dois. O primeiro relaciona-se a ele ter sido aprovado em história pelo conselho, no ano das filmagens, embora não tivesse condições de sê-lo, segundo os professores. Novamente a imagem de ineficiência do sistema é reafirmada. O segundo refere-se à declaração da docente Edlaine, do núcleo de cultura da escola. Ela afirma que esse aluno não tem relação direta com a "bandidagem" do local onde mora; mas indireta. Ela acredita que, se ele não for acompanhado, esse lado pode pesar. Percebemos que esse discurso reitera a imagem que se tem da responsabilidade da escola para com questões relacionadas à violência social.

A professora Edlaine relata ainda que o aluno Douglas faz parte da banda da escola, que gosta dessa banda porque ela lhe dá *status* com as meninas, e que, se não fosse o grupo musical, provavelmente ele estaria na rua. Além disso, em seu depoimento, essa docente destaca que as oficinas de dança afro, de ritmos e de teatro da escola ajudam a compensar os problemas de relacionamento. Na cena imediata a esse depoimento, vemos a banda e as alunas dançando. A imagem revela uma interação entre os alunos. Bem diferente do momento em que estão em sala de aula. Essa parte é finalizada com a cena de uma festa no colégio. O pátio está lotado. A alegria é evidente. Na leitura desse quadro, o documentário revela que os principais episódios de interação dos alunos entre si e do envolvimento efetivo deles em alguma atividade da vida escolar parece acontecer fora da sala de aula, nas atividades extraclasses.

A apresentação do terceiro colégio é feita a partir de uma panorâmica pela área de Itaquaquecetuba, a 50 km da cidade de São Paulo. E vai percorrendo a cidade até a câmera chegar à escola Estadual Parque Piratininga II. Ouvimos a voz da professora Celsa afirmando que Piratininga é periferia da periferia. Por isso, segundo ela, não é possível fazer propostas de ir ao cinema ou teatro, porque os alunos não têm dinheiro.

Em relação a essa terceira unidade de ensino, o documentário destaca a fala do aluno Ronaldo, de 16 anos, afirmando que, embora a instituição e o governo passem uma imagem de que o ensino está melhorando, ele crê que isso não está acontecendo, porque, se estivesse, eles não precisariam de programas como Prouni[10] e de cotas na universidade. Ele cita as aulas de inglês. Declara que o aluno do 3º ano do Ensino Médio não sabe ainda o que é verbo *to be*. Fala sobre ter saído mais cedo quase todos os dias nas duas semanas anteriores ao depoimento. Há também o depoimento de Carol sobre ser "mais uma vez" dispensada pela falta de professor. Não havia tido nenhuma aula naquele dia. Logo após esses depoimentos, temos o relato da diretora sobre os professores eventuais, que cobrem as faltas dos professores. A diretora afirma haver constante falta de docentes e cita a permissividade da legislação acerca disso.

Na sequência imediata, há o depoimento da professora Celsa, que declara faltar por cansaço, que "ser professor, envolvido com a profissão e com os alunos, é uma carga física e mental muito grande, é mais do que o ser humano pode suportar" e que, na atualidade, mesmo atendendo aos problemas dos alunos, esse profissional é mal recebido e visto como inimigo. Pensa que existe um abismo grande entre professor e aluno e também em relação ao diretor. Comenta que, embora acredite na importância do papel do docente na sociedade, esse reconhecimento não lhe é dado. Segundo Celsa, o professor está abandonado e, por isso, ele tende a "deixar para lá". Acredita que houve perda de dignidade

---

[10] Programa Universidade para Todos.

para trabalhar e que o docente está largado pelo Estado. Para ela, tudo está muito maquiado. Menciona ainda que faz terapia uma vez por mês.

Logo após, o depoimento da professora Susana revela que ela não acredita mais neste modelo atual de escola, pois essa é uma instituição do século passado e, fora desse espaço, o mundo se mostra muito mais interessante. O entrevistador pergunta se ela pensa que é uma questão de preparar melhor o professor. A resposta é negativa. Crê que esse profissional esteja bem preparado, mas não apto a lidar com esse "tipo de aluno", agressivo e desrespeitador. Isso desmotiva e, por isso, sua aula vai ficando ruim.

Ainda sobre essa escola, há outra sequência que merece destaque. O depoimento da aluna Keila, de 16 anos, sobre "sua vontade de morrer". Ela relata que foi a partir de sua entrada no grupo que organiza o fanzine da escola que começou a sentir-se melhor. Em nossa leitura, percebemos, pelo depoimento da menina, que se descobrir autora, com direito a opinar, a expor ideias e a criar parece ter feito diferença para ela, além de lhe mostrar um espaço em que parece ter sido ouvida.

Isso confirma o que Soares (2011, p. 15) defende sobre a importância de "ampliar as condições de expressão da juventude como forma de engajá-la em seu próprio processo educativo"; e, além disso, sobre a necessidade de se criar espaço para dialogar com o jovem, para escutá-lo.

Podemos notar que, mais uma vez, são as atividades extraclasses que motivam a aluna. O documentário ressalta ainda que, em 2004, essa aluna terminou o 3º ano do Ensino Médio e, em 2006, estava trabalhando em uma fábrica dobrando calças. Aqui, parece-nos que o filme pretende denunciar a falta de perspectiva para esses jovens após o término desse nível educacional.

A quarta escola é apresentada a partir de um ponto de vista bem diferente das anteriores. A câmera subjetiva coloca-nos da perspectiva de um motorista dirigindo um carro e observando a rua movimentada à sua frente. Dia chuvoso. Um letreiro registra ser o bairro de Alto de Pinheiros, em São Paulo. Vemos um carro estacionando e, então, uma aluna desce e chega ao Colégio Santa Cruz. Entra sorrindo. O recurso da câmera na mão nos leva a percorrer o trajeto com a aluna. Escola grande, muitas plantas. Tudo bem cuidado. Salas de aula organizadas, carteiras limpas. Televisão nas salas. O filme acentua a distância entre os sistemas público e particular de ensino.

O documentário, ao final, também focaliza duas outras escolas e são narrados casos relacionados à violência. Na escola Estadual Levi Carneiro, na periferia de São Paulo, a partir do depoimento de diretores e alunos, nota-se a proximidade dos alunos com a violência em todos os sentidos. A fala da diretora indica a percepção de indiferença dos alunos em relação à própria vida deles. Ela afirma que, "pra eles, tanto faz morrerem ou irem pra Febem".[11]

O bloco final do filme remete-nos novamente a Manari. A tela escura informa que o filme foi realizado entre abril de 2004 e outubro de 2006. Aponta ainda que, em julho de 2006, a escola de Manari foi reformada, que hoje a cidade tem Ensino Médio e que Valéria está terminando o curso normal. Entretanto, um último depoimento de um diretor dessa escola nos revela que as faltas dos professores continuam.

O filme termina com a imagem de uma escola de educação infantil. Está na hora do recreio, a professora entrega a merenda em pratinhos para as crianças. Em pé, com os pratinhos na mão, sem saber bem para onde se dirigirem, ou sentadas em cadeiras de um braço só, nada apropriadas para elas, as criancinhas olham fixamente para a câmera. O documentário registra aqui uma última imagem, sobretudo da escola pública brasileira: professor despreparado, escolas mal aparelhadas, alunos sem direção, futuro incerto.

Considerações finais

Interessa observar que o documentário intenta triangular as falas de diretores, professores e alunos. Há uma proposta de observar o problema a partir de diferentes perspectivas. Ainda assim, em sua forma de organização e nos próprios depoimentos escolhidos, a "voz" do documentário se impõe.

Na passagem do passado para o presente e com respeito às expectativas para o futuro, o quadro geral retratado não é otimista. A responsabilidade dos órgãos públicos é destacada pelo discurso fílmico em relação às condições precárias dos prédios escolares públicos e ao acesso à educação. A imagem que perpassa o documentário é a de que os professores e alunos estão completamente desestimulados e sozinhos. Os jovens mostram-se desassistidos. A escola é o espaço de encontro

---

[11] Fundação Estadual do Bem-Estar do Menor – instituição que foi reformulada e agora corresponde à Fundação Centro de Atendimento Socioeducativo ao Adolescente (CASA).

deles, mas não de diálogo com eles. A interação verdadeira não se dá na sala de aula. Em geral, parece ocorrer nas aulas "extras", por meio de outras atividades, quando os alunos têm a oportunidade de participar mais como agentes do próprio processo educativo. Aliás, essa questão revela um caminho possível para se pensar, conforme reflexões de Citelli (2011) e Soares (2011).

Dessa forma, o documentário expõe ainda os sérios problemas que acometem a educação brasileira na atualidade: o despreparo do professor para trabalhar no interior dos novos quadros sociotécnicos, o excesso de faltas dos educadores, o desencanto dos docentes com a profissão, o descaso das autoridades. Por fim, cumpre mencionar que *Pro dia nascer feliz* mostra o quanto a educação brasileira necessita de ajustes a fim de se adequar às demandas das novas gerações e às mudanças pelas quais passa a nossa sociedade.

Referências bibliográficas

BAKHTIN, Mikhail. *Marxismo e filosofia da linguagem*. 7. ed. São Paulo: Hucitec, 1995.

_____. *Estética da criação verbal*. 4. ed. São Paulo: Martins Fontes, 2003.

_____. *Problemas da poética de Dostoiévski*. 3. ed. Rio de Janeiro: Forense Universitária, 2005.

CASTELLS, Manuel. Internet e sociedade em rede. In: MORAES, D. de (org.). *Por uma outra comunicação*: mídia, mundialização cultural e poder. 5. ed. Rio de Janeiro: Record, 2010, pp. 255-287.

CITELLI, Adilson O. Comunicação e linguagem: diálogos, trânsitos e interditos. *Matrizes – revista de pós-graduação em Ciências da Comunicação*, São Paulo, ECA/USP, n. 1, pp. 13-30, 2008.

_____. Comunicação e Educação: implicações contemporâneas. In: CITELLI, A. O.; COSTA, M. C. C. (orgs.). *Educomunicação: construindo uma nova área de conhecimento*. São Paulo: Paulinas, 2011, pp. 59-76.

DIJK, Teun A. van. *Discurso e poder*. São Paulo: Contexto, 2008.

FERRO, Marc. *Cinema e história*. São Paulo: Paz e Terra, 2010.

FOUCALT, Michel. *As palavras e as coisas*. 9. ed. São Paulo: Martins Fontes, 2007.

JODELET, Denise. *As representações sociais*. Rio de Janeiro: Ed. UERJ, 2001.

HALL, Stuart. *Representation*: cultural representation and cultural signifying practices. Sage-USA, 1997.

_____. *A identidade cultural na pós-modernidade*. 11. ed. Rio de Janeiro: DP&A, 2006.

KORNIS, Mônica. História e cinema: um debate metodológico. *Estudos Históricos*, Rio de Janeiro, v. 5, n. 10, pp. 237-250, 1992.

_____. *Cinema, televisão e história*. Rio de Janeiro: Jorge Zahar Editor, 2008.

LOPES, Maria. I. V. de. *Pesquisa em Comunicação*. 8. ed. São Paulo: Edições Loyola, 2005.

MAINGUENEAU, Dominique. *Análise de textos de comunicação*. São Paulo: Editora Cortez, 2001.

_____. *Ethos*, cenografia, incorporação. In: AMOSSY, R. (org.). *Imagem de si no discurso: a construção do* ethos. Contexto: São Paulo, 2005.

_____. *Cenas da enunciação*. São Paulo: Parábola Editorial, 2008.

MARTÍN-BARBERO, Jesús. Globalização comunicacional e transformação cultural. In: MORAES, Dênis de (org.). *Por uma outra comunicação: mídia, mundialização cultural e poder*. 5. ed. Rio de Janeiro: Record, 2010, pp. 57-86.

_____. *Dos meios às mediações: comunicação, cultura e hegemonia*. 5. ed. Rio de Janeiro: Editora UFRJ, 2008.

MARTIN, Marcel. *A linguagem cinematográfica*. São Paulo: Brasiliense, 2007.

MORETTIN, Eduardo. Produção e formas de circulação do tema do descobrimento do Brasil: uma análise de seu percurso e do filme "Descobrimento do Brasil" (1937), de Humberto Mauro. *Revista Brasileira de História* (Dossiê: Arte e Linguagens), 18 (35), pp. 105-131, 1998.

_____. Cinema educativo: uma abordagem histórica. *Comunicação & Educação*, São Paulo, n. 4, pp. 13-19, set./dez. 2000.

_____. O cinema como fonte histórica na obra de Marc Ferro. In: CAPELATO, Maria Helena et al. *História e cinema: dimensões históricas do audiovisual*. São Paulo: Alameda, 2007. pp. 39-64.

NAPOLITANO, Marcos. A escrita fílmica da história e a monumentalização do passado: uma análise comparada de Amistad e Danton. In: CAPELATO, Maria Helena et al. *História e cinema: dimensões históricas do audiovisual*. São Paulo: Alameda, 2007, pp. 65-83.

PERELMAN, Chaim; OLBRECHTS-TYTECA, Lucie. *Tratado da argumentação: a nova retórica*. São Paulo: Martins Fontes, 1996.

SALIBA, Elias. T. As imagens canônicas e a história. In: CAPELATO, Maria Helena et al. *História e cinema: dimensões históricas do audiovisual*. São Paulo: Alameda, 2007, pp. 85-96.

SETTON, Maria da Graça. *Mídia e educação*. São Paulo: Contexto, 2010.

SOARES, Ismar de O. *Educomunicação: o conceito, o profissional, a aplicação*. São Paulo: Paulinas, 2011.

VANOYE, Francis; GOGLIOT-LÉTÉ, Anne. *Ensaio sobre a análise fílmica*. 4. ed. Campinas: Papirus, 2006.

VYGOTSKY, Lev. S. *Psicologia pedagógica*. São Paulo: Martins Fontes, 2004.

XAVIER, Ismail. Do texto ao filme: a trama, a cena e a construção do olhar no cinema. In: PELLEGRINI, Tânia et al. *Literatura, cinema e televisão*. São Paulo: Editora Senac, 2003, pp. 61-89.

O professor na propaganda comercial: roteiros e marcas

ELIANA NAGAMINI

Em nosso percurso escolar nos habituamos com a presença de um professor vestindo um jaleco branco, escrevendo na lousa, e com as mãos sujas de giz. Independentemente das diretrizes determinadas por políticas educacionais, formulamos um conceito sobre esse profissional. Construímos a imagem do educador que ensina, orienta, indica comportamentos.

No discurso pedagógico, essa imagem adquire notória significação, isto é, a de mediador. A presença do professor, porém, não está restrita ao ambiente escolar, pois outros discursos também o caracterizam, seja para integrar narrativas ficcionais, seja para vender produtos ou protagonizar notícias de jornais. Nossa questão é compreender qual o sentido e força dessa imagem quando inserida fora da escola, mais precisamente, como a propaganda comercial utiliza esse profissional para elaborar os pequenos enredos que devem mobilizar e seduzir o consumidor, isto é, em que medida a representação do professor produz um efeito persuasivo no receptor.

Para nosso estudo, tomaremos peças publicitárias exibidas pela TV: a campanha do calçado Melissinha (década de 80), do remédio antigripal Coristina D (2007), e três propagandas veiculadas no rádio: *pick-up* Fiat (2009), leite da Elegê (2008), computador da Semp Toshiba (2005). Essas peças publicitárias apresentam o professor como personagem – protagonista ou periférico –, construindo um estereótipo desse profissional, tanto em relação à aparência física quanto ao comportamento.

As propagandas veiculadas na TV foram selecionadas pela época de circulação, a fim de compararmos a imagem do professor em períodos diferentes. Já para as propagandas do rádio, nossa escolha foi por aquelas que apresentaram vozes distintas, feminina e masculina, para estabelecermos possíveis referências à imagem de autoridade. Do professor severo ao permissivo ou subvertido, todas as suas representações carregam marcas culturais que revelam como a propaganda visualiza e elabora a imagem desse profissional da educação.

Vale destacar que tais representações são construídas a partir de um trabalho de linguagem, verbal e não verbal. Todo ato comunicacional requer uma espécie de acordo entre os participantes, isto é, os contratos comunicacionais, apontados por Charaudeau, que não se constituem somente na sua composição linguística, mas também como "sistema de valores que comandam o uso desses signos em circunstâncias de comunicação particulares" (CHARAUDEAU, 2006, p. 33).

Imagem e representação na propaganda

A força sedutora do discurso publicitário é capaz de mobilizar um contingente de consumidores para comprar *gadgets*. Esse discurso transforma o produto no nome da marca, potencializando necessidades por meio da linguagem, visto que a "publicidade é discurso, linguagem, e, portanto, manipula símbolos para fazer a mediação entre objetos e pessoas, utilizando-se mais da linguagem do mercado que a dos objetos" (CARVALHO, 1996, p. 12).

Ou seja, estabelece contratos comunicacionais, conforme estudos de Charaudeau (2006) sobre o discurso midiático. Para o autor, a situação comunicativa pressupõe certo acordo entre os interlocutores, pois o discurso é construído por meio de determinadas normas e de papéis desempenhados pelos participantes.

Quando assistimos a uma propaganda, sabemos qual é sua finalidade, reconhecemos o produto, mas nem sempre observamos as estratégias utilizadas porque o discurso não é referencial. Muitos anúncios fogem da mera informação para operar com um universo imaginário, ao construir pequenos enredos relacionados com as experiências cotidianas, o que lhes atribui uma característica estética peculiar, pois são dotados de representações.

Essas representações revelam, muitas vezes, conceitos e valores de grupos sociais e possuem, nesse sentido, uma carga ideológica. Trevisan (2002) aponta a importância das imagens, enquanto representações coletivas na sociedade globalizada, uma vez que "o culto da imagem faz com que sejamos bombardeados por imagens de todos os tipos, formas e cores, que produzem uma mudança na maneira como nossas sensações percebem o real" (TREVISAN, 2002, p. 22). Por essa razão, elas ganham força enquanto imagens culturais, revelando modos de representar o mundo, e não são apenas retratos, mas elementos discursivos, que participam da formação de valores e de comportamentos.

Foucault (2007), ao discutir uma teoria geral da representação, afirma que:

> Se o signo é a pura e simples ligação de um significante com um significado (ligação que é arbitrária ou não, voluntária ou imposta, individual ou coletiva), de todo modo a relação só pode ser estabelecida no elemento geral da representação: o significante e o significado só são ligados na medida em que um e outro são (ou foram ou podem ser) representados e em que um representa o outro (FOUCAULT, 2007, p. 92).

As representações são construídas por meio da similitude, pois sem a semelhança não há como construir sentido, porque

> a similitude é uma indispensável moldura. Pois uma igualdade ou uma relação de ordem não pode ser estabelecida entre duas coisas, senão quando sua semelhança tenha sido ao menos a ocasião de compará-las (FOUCAULT, 2007, p. 93).

Não podemos pressupor, no entanto, que a simples relação entre o objeto e sua representação se constitua como uma imitação. Wittgenstein (1984) nos mostra que as imagens possuem uma carga de significação, cuja apreensão depende dos modos de recepção, ou seja, do que está contido em nossa memória sobre o uso dessas imagens e do novo contexto que nos aparece, compondo-se em um "jogo de linguagem".

O que nos leva de volta à noção de contratos comunicacionais, isto é, os acordos sociais que são estabelecidos a partir das representações. A possibilidade de comparar comportamentos, gestos, papéis, nos permite situar os participantes do contexto comunicativo, abordando principalmente uma das competências apontadas por Maingueneau (2000), isto é, a competência denominada enciclopédica, que diz respeito a um conjunto de conhecimentos que ficam armazenados. Segundo ele, esse conhecimento se refere aos *scripts*, ou melhor, roteiros, "que são sequências estereotipadas de ações" (MAINGUENEAU, 2000, p. 42), cujo conhecimento "é geralmente indispensável para interpretar os textos, sobretudo os narrativos, que não explicitam todas as relações entre os seus constituintes" (MAINGUENEAU, 2000, pp. 42-43), e por isso são essenciais para a produção e recepção de discursos. Além disso, a competência genérica nos permite compreender e aprender novos gêneros para nos situar em cada situação comunicativa, isto é,

> mesmo não dominando certos gêneros, somos geralmente capazes de identificá--los e de ter um comportamento adequado em relação a eles. Cada enunciado

possui um certo estatuto que com ele lidamos: é a partir do momento em que identificamos um enunciado com um cartaz publicitário, um sermão, um curso de língua etc., que podemos adotar em relação a ele a atitude que convém (MAINGUENEAU, 2000, p. 44).

Desse modo, o conhecimento e reconhecimento das estruturas sociais e dos estereótipos também se abrem para que os participantes possam exercer diferentes papéis. Na visão de Charaudeau,

> as representações, ao construírem uma organização do real através de imagens mentais transpostas em discursos ou em outras manifestações comportamentais dos indivíduos que vivem em sociedade, estão incluídas no real, ou mesmo dadas como se fosse o próprio real. Elas se baseiam na observação empírica das trocas sociais e fabricam um discurso de justificativa dessas trocas, produzindo-se um sistema de valores que se erige em norma de referência (CHARAUDEAU, 2006, p. 47).

Os modos de representação revelam, portanto, uma maneira de interpretar o mundo e espelham os valores culturais com os quais se concebe a formação da sociedade. Assim, as imagens estereotipadas do professor, presentes em peças publicitárias, podem indicar a maneira como a publicidade vê o professor e o seu papel na sociedade. É o que discutiremos a seguir.

Tensões e distensões na construção da imagem do professor

Percepções visuais e verbais: o professor na propaganda veiculada pela TV

Melissinha

As três peças publicitárias da campanha dos calçados Melissa, da década de 1980, quais sejam "Melissinha e pochetezinha", "Melissinha e reloginho", "Melissinha e estojinho de maquiagem", trazem como personagens principais uma professora e uma aluna, estabelecendo-se uma relação de confronto: autoridade da professora x transgressão da aluna.

A peça "Melissinha e pochetezinha", ambientada em uma sala de aula com carteiras simetricamente organizadas, inicia o pequeno enredo com a professora posicionada no fundo da sala observando os alunos durante uma prova.

A professora caminha com um olhar severo e vigilante – usa uma roupa clara e bem discreta, cabelos presos e óculos –, quando percebe que uma das meninas está colando. Os alunos vestem uniforme xadrez. Essa composição visual se repetirá nas demais peças publicitárias da campanha, que forma uma sequência narrativa à medida que novas promoções de venda são lançadas no mercado.

Nessa primeira peça temos o seguinte texto:

> Professora (contra-*plongeé*): "Que é isso aí, mocinha?".
>
> Menina: "É pochetezinha que vem com a Melissinha".
>
> Professora (*close*): "O quê?".
>
> Menina (*close* na melissinha com papel colado na sola): "A Melissinha...".
>
> Professora (apontando para a cola): "Ah, sei! E isso aí, menina?".
>
> Menina: "É a melissinha que vem com a pochetezinha".
>
> Professora: "Você quer explicar isso direitinho?".
>
> Menina: "Pois não, professora. A senhora compra a Melissinha e ganha a pochetezinha. Tem azulzinha, amarelinha (risos dos outros alunos; gesto da professora como se fosse agarrar a menina)".
>
> "Melissinha vem com uma pochetezinha. Essa vai colar."

No início do pequeno enredo, observamos a posição de superioridade da professora (imagem em contra-*plogeé*) em relação à menina. E, conforme podemos notar por meio do diálogo, a menina tenta desviar o assunto, pois sabe que está transgredindo uma regra de comportamento. O efeito cômico da cena se configura na tentativa de enganar a professora.

Assim, a aluna, em vez de explicar a sua postura, destaca o produto e a promoção de venda: "é a pochetezinha que vem com a Melissinha", "é a Melissinha que vem com a pochetezinha", para fugir do castigo que poderia sofrer por ser descoberta. Outra estratégia utilizada pela menina é atribuir um valor afetivo para o produto, ou seja, o uso do diminutivo: "azulzinha, amarelinha". Além disso, adota ironicamente uma posição de respeito em relação à professora: "pois não, professora".

108 • Eliana Nagamini

A professora percebe que a aluna está mentindo, pois sua voz é enérgica ao questioná-la. No desfecho, porém, o comportamento da professora não é claro, já que a peça termina e não sabemos efetivamente quais as consequências sofridas pela menina, embora o *slogan*[1] enfatize a atitude reprovável da aluna: "Melissinha vem com a pochetezinha. Essa vai colar".

O primeiro período destaca o nome do produto utilizado no diminutivo (Melissinha, pochetezinha) para provocar maior proximidade, pois se trata de um calçado para o público feminino infantojuvenil; já o verbo "vir", indicando o movimento, situa a assertiva no presente do indicativo e, assim, cria um clima de afeto para o momento.

No segundo período, temos o pronome demonstrativo, que estabelece uma relação de coesão referencial, trazendo novamente o produto para o contexto. O verbo "ir" também possui a função de aproximar o produto, já que o objetivo é incentivar o consumidor a comprá-lo. E, ainda, a presença da aliteração do fonema /v/ – comumente utilizado para dar a ideia de movimento por ser oral, fricativo, labiodental, sonoro – nos verbos "vem" e "vai" enfatiza a adesão ao produto como um processo de persuasão.

Com o verbo "colar", temos a polissemia do texto para compor o efeito cômico e o desfecho do enredo. No dicionário Houaiss, para o uso informal do verbete "colar", destacamos os sentidos de "copiar, ouvir de outrem ou ter conseguido indevidamente (o examinado) as soluções dos problemas propostos em exame escrito, para, por esses meios, ter o desempenho de um bom aluno" e "ser aceito ou acreditado". Assim, o discurso publicitário explorou essas duas abordagens que apresentam uma oposição: a primeira com caráter negativo, pois se trata de um ato ilícito, e a segunda com uma concepção positiva. A atitude da aluna não é aceitável, mas o produto sim, por isso a menina tenta desviar o discurso do ato de colar – contravenção – para a imagem e promoção do calçado, que tem valor positivo promovendo aceitação. Apesar de a professora não repreendê-la verbalmente, percebemos suas expressões de descontentamento.

Na peça "Melissinha e o reloginho", a menina chega atrasada e a professora está escrevendo na lousa. As roupas da professora são mais escuras – saia azul-escura –, usa os mesmos óculos e os cabelos

---

[1] Expressão de fácil memorização que sintetiza a natureza do produto e enfatiza suas qualidades para chamar a atenção do consumidor.

continuam presos; a menina está trajando um uniforme, como na peça anterior, para compor a simetria visual da sala de aula.

> Professora (segurando uma régua): "Dona Nina, a senhora sabe que horas são?".
>
> Nina: "É claro que eu sei. Depois que eu ganhei o reloginho que vem junto com a Melissinha (*close* na sandália em *plongeé*), eu sempre sei a hora certinha. São exatamente duas e meia" (vira-se e senta-se na carteira, demonstrando saber que está errada).
>
> Professora: "Que gracinha! E como a senhora me explica esse pequeno atraso?".
>
> Nina: "Sabe o que é, professora, esse é o reloginho que vem junto com a melissinha (*close* na sandália e no relógio) novinha que eu ganhei (a professora aproxima-se ainda segurando a régua e com olhar ameaçador). Dá até pra andar bem depressa e bem devagarinho. Daria para dar presença pra mim" (a professora olha com severidade).
>
> Professora: "É claro!".
>
> Nina: "Só meia hora, dez segundos..." (foco na professora que quebra a régua).
>
> "Melissinha agora vem com reloginho. Tá na hora de você ter uma."

A professora questiona o atraso e a menina, como na peça citada anteriormente, desvia o assunto, desta vez para destacar a promoção do produto Melissinha que traz o relógio como brinde.

Nessa peça também não há explicitamente uma punição, mas percebe-se o desagrado da professora ao quebrar a régua. O confronto possui a mesma carga de significação da peça anterior, isto é, a transgressão da menina x insatisfação da professora.

O *slogan* da peça: "Melissinha agora vem com reloginho. Tá na hora de você ter uma" informa, no primeiro período, uma mudança da promoção, mantendo-se as mesmas estratégias de aproximação (verbo e diminutivo), como na peça anterior, situando a novidade através do dêitico "agora". No segundo período, há uma retomada do enunciado anterior como estratégia para enfatizar o produto e a promoção, isto é, "hora" = "reloginho" e "Melissinha" = "uma". A diferença com relação ao *slogan* da peça anterior é uso do advérbio "agora" para indicar continuidade e renovação.

O pronome "você" é um termo que generaliza o interlocutor, isto é, o discurso amplia o público a que se destina o produto, agradando também aos adultos, aspecto importante para a venda, já que as meninas ainda não têm efetivamente poder de compra, embora tenham força para decidir. É necessário, nesse sentido, construir uma parceria entre a professora e a menina, como vamos perceber na peça seguinte.

Enquanto nas duas primeiras peças apresentadas a professora se mostra severa, na peça: "Melissinha e estojinho de maquiagem", ela tem uma atitude que rompe com o comportamento apresentado nos filmes anteriores.

A menina está passando maquiagem no rosto durante a aula, por isso é questionada pela professora. Os trajes da professora são mais coloridos, mas sem romper muito com o padrão, pois está com jaleco claro. Os cabelos continuam presos e usa óculos.

> Professora: "Que é isso?".
>
> Nina: "Ué, tô me pintando... não é aula de pintura, psora?" (*close* no estojo de pintura; imagem da menina pelo espelho do estojo).
>
> Professora: "E aposto que é a nova Melissinha que vem com o estojinho (imitando o jeito de falar da menina), acertei?".
>
> Nina: "Na mosca!".
>
> Professora: "Será que você pode me emprestar? Eu te devolvo no final da aula".
>
> Menina: "Não... (a professora está com olhar severo) brincadeira, psora, pode levar, a senhora tá mesmo precisando de uma corzinha. A senhora está tão pálida..." (a professora caminha para a lousa e vira-se de repente, mostrando a língua para a menina).
>
> "Melissinha agora vem com estojinho. Pinta na loja."

Por meio do diálogo, nota-se que a professora já conhece muito bem a atitude da aluna e antecipa algumas dessas atitudes, copiando-as: "Será que você pode me emprestar, eu te devolvo no final da aula", ou seja, ironiza a própria relação professor-aluno, pois não é um empréstimo. Em seguida, a menina tenta neutralizar a atitude da professora com um comentário indelicado: "Pode levar, a senhora tá mesmo precisando de uma corzinha. A senhora está tão pálida", provocando o riso dos alunos.

Diferentemente das duas peças anteriores, em que a professora segue um *script*, aqui a atitude da professora causa um estranhamento porque foge de seu comportamento habitual na sala de aula, isto é, o estereótipo da professora tradicional é rompido por meio de gestos infantis. Além disso, como a menina está passando batom – atitude de uma mulher adulta –, há uma troca de papéis.

O *slogan*: "Melissinha agora vem com estojinho. Pinta na loja" mantém, no primeiro período, a mesma estrutura do outro filme. No segundo período, o verbo "pintar" é uma alusão ao brinde "estojinho" de pintura e também é utilizado com sua força polissêmica, isto é, "representar (figuras, imagens etc.) por meio de traços, cores, combinações de cores; realiza obra artística de pintura; aplicar(-se) produtos de cosmética no rosto; surgir mais ou menos ao acaso; aparecer, comparecer, apresentar-se" (HOUAISS).

A aluna ironiza o fato de estar "pintando" o rosto porque a aula é de "pintura" e no *slogan* o verbo "pintar" é utilizado para convidar o consumidor a ir até a loja.

Coristina D

Já na peça publicitária do remédio antigripal da Coristina D, de 2007, a relação professor/aluno se apresenta de maneira distinta da campanha da Melissinha. O enredo inicia com a imagem da marca do remédio. O lugar é uma sala de aula, a professora está diante da classe e a locução é de Regina Casé. A professora veste uma roupa simples, os cabelos estão amarrados. Não há troca de roupa, apesar da mudança de ambiente.

> Regina Casé: "Essa é Vanessa... (legenda com o nome da professora: "Vanessa de M. G. Adriano – Professora"). De manhã, ela dá aula aqui na escola (professora falando para os alunos); de tarde, corrige provas (imagem da professora na mesa corrigindo as provas: está com um sorriso nos lábios) e, de noite, cuida dos filhos (imagem da professora servindo o jantar para os filhos). Quem trabalha assim não pode faltar no trabalho por causa da gripe" (imagem de Regina Casé abraçando a professora, acompanhada de quatro alunos).
>
> Vanessa é gente Coristina D. Vale por três.
>
> Descongestiona, tira a febre, revigora (sobreposição de imagens do produto e da professora).
>
> "Coristina D funciona porque vale por três."

A similaridade entre a fala de Regina Casé ("Vanessa é gente Coristina D") e o *slogan* ("Coristina D funciona porque vale por três") permite uma simbiose entre Vanessa e Coristina D. Como Vanessa tem uma rotina de trabalho intenso – três turnos, sendo dois para dedicar-se à escola e um para a família –, pode-se dizer que o medicamento também possui um potencial triplo: "descongestiona, tira a febre e revigora". Desse modo, o texto ganha força, pois há uma sobreposição de imagens da professora e do medicamento.

Segundo Fontenelle, "a imagem da marca deve ser a promessa e a realização de uma experiência" em dado lugar (2006, p. 256), vivenciada na "mente do consumidor", nesse caso, a imagem da professora, agora não somente inserida no espaço da sala de aula, mas também no ambiente familiar, em sua tripla jornada, atribui ao medicamento o mesmo potencial da professora. Desse modo, a trajetória da professora é utilizada para reforçar o período explicativo do *slogan*: "porque vale por três".

Da imagem tradicional para a contemporânea

Comparando as representações de professoras nas quatro peças temos:

Melissinha (1)	Melissinha (2)	Melissinha (3)	Coristina D
Autoridade	Autoridade	Irônica	Dialógica
Tradicional	Tradicional	Menina	Professora e mãe

As professoras representadas têm naturezas divergentes, tanto do ponto de vista de seu papel dentro do enredo quanto de suas imagens e atitudes. É preciso destacar que na campanha da Melissinha ela não é a protagonista, mas tem um importante papel ao antagonizar com a menina.

A composição visual da professora aciona uma percepção coletiva do estereótipo do professor tradicional. O professor tradicional, segundo Penteado, está associado à metodologia do modelo tradicional de ensino que estabelece uma relação de dominação/subordinação na relação professor/aluno. A autora apresenta um quadro de valores para modelo de ensino, em que destaca na vertente tradicional a

> conservação, passividade, individualismo, memorização, reprodução, gregarismo, competição, isolamento, egocentrismo, submissão, delegação de responsabilidades, delegação de atuação, delegação de poder, rigidez (PENTEADO, 2002, p. 35).

Em outras palavras, valores que não viabilizam o diálogo entre o professor e o aluno.

Desse modo, o estereótipo do professor que está expresso na peça publicitária da Melissinha é daquele que tem comportamento autoritário, domínio sobre os alunos, severidade e austeridade, repreende e questiona qualquer atitude dos alunos; visualmente, deve usar roupas discretas, cabelos presos e óculos.

E, nesse caso, é essencial que nas duas primeiras peças publicitárias ela siga o *script* para ser rompido na terceira peça, causando estranhamento pela troca de papéis e, consequentemente, maior impacto.

Já na peça da Coristina D, Vanessa é o centro do enredo, porém não tem voz direta, pois toda peça é narrada por Regina Casé, apresentadora conhecida por programas em que realizava reportagens em várias regiões do Brasil, com pessoas de diversas classes sociais.

Conforme Chaves (2007), os programas protagonizados por Regina Casé tinham como princípio veicular uma imagem positiva do Brasil, constatada já na escolha dos títulos dos programas Programa Legal (1991-1992), Na Geral (1994), Brasil Legal (1995-1998), entre outros. O programa Brasil Legal, por exemplo, apresentava um roteiro cujo objetivo era mostrar "o que é o Brasil" e "o que é ser brasileiro", "mantendo em primeiro plano a visão 'positiva' do país através de seus personagens mais comuns" (CHAVES, 2007, p. 27). Para a pesquisadora, a escolha dos personagens "retrata o habitual das pessoas, o cotidiano comum de algum lugar, o ordinário" (CHAVES, 2007, p. 29). E é exatamente com esse resgate do cotidiano que a presença da atriz na propaganda fortalece a representação da professora Vanessa, pois esse roteiro habitual adquire "tamanha força em singularidade" (CHAVES, 2007, p. 29), produzindo o efeito persuasivo da peça publicitária.

Além disso, vale destacar que o roteiro também segue as mesmas estratégias da campanha publicitária do Banco Bamerindus "Gente que faz",[2] também da década de 1990, que mostrava as realizações positivas de pessoas comuns.

A imagem de Vanessa é, pedagogicamente, mais moderna. Até a aparência física é diferente: cabelos soltos, sem óculos; mantém-se à frente dos alunos, mas promove a interação. Trata-se do estereótipo de professor condizente com as novas tendências pedagógicas, ou seja, a de um mediador na sala de aula. Além disso, as atribuições indicam uma mulher inserida no contexto contemporâneo, em que a vida cotidiana pressiona sua entrada no universo do trabalho, eliminando a fronteira entre o ser mãe e o ser professora.

Percepções sonoras e verbais: o professor na propaganda veiculada pelo rádio

Fiat

A peça publicitária da Fiat apresenta o título "Professora", criação de Henri Honda e Christian Fontana, direção de criação de Ruy Lindenberg, produzida pela Agência Leo Burnett.

> Professora: "Atenção crianças (vozes de crianças), a tia quer que todo mundo dê a mãozinha... bem bonitinho para não se perder, tá? Não é pra soltar a mão do amiguinho. A tia também vai dar um apito para cada um, se alguém se perder é só fazer assim: fiii (som do apito). Tá tudo mundo aí, né? Cadê o Joãozinho?".
>
> Joãozinho: "Tô aqui, fessora!" (gritando).
>
> Professora: "Pronto, motorista!".
>
> "Novo Fiat *pick-up* com muito mais espaço interno.
>
> Conforto e tecnologia pra você transportar o que quiser."

---

[2] Disponível em: http://www.youtube.com/watch?v=1doUC5r1zR4&feature=related>.

O espaço é um aspecto que ganha maior ênfase porque se trata

A representação do professor se realiza através de uma figura feminina que tem um grau de afetividade em relação às crianças, como podemos notar no tratamento atribuído a ela, pois é chamada de "tia", isto é, de alguém com grau de parentesco "fictício" com as crianças, o que faz com que ocorra maior aproximação e afetividade.

O termo "tia" passou a ser utilizado nas escolas de educação infantil como um recurso para tornar menos traumática a separação entre as mães e as crianças, que ingressam na escola cada vez mais cedo. Nos últimos anos houve um aumento de berçários e escolas de educação infantil, devido à inserção da mulher/mãe no mercado de trabalho. Assim, ocorre uma simbiose entre mãe e professora, pelo fato de as crianças passarem muito tempo na escola, por isso as tarefas pedagógicas contemplam também aquelas destinadas somente às mães, tais como estabelecer regras gerais de comportamento, hábitos de higiene e alimentares etc.

Segundo dados do Censo Escolar, de 2007, "nas creches, na pré-escola e nos anos iniciais do ensino fundamental, o universo docente é predominantemente feminino (98%, 96% e 91%, respectivamente)" (MEC, p. 21), e vai modificando com o decorrer dos outros níveis educacionais.

É essa figura feminina de "tia" que comanda as crianças dentro da picape. A relação de afetividade com as crianças pode ser percebida com o uso do diminutivo. Os vocábulos: "mãozinha", "bonitinho", "amiguinho" no contexto mais geral, mas também a forma como se dirige aos alunos, no caso, o "Joãozinho".

Dois elementos apontam a força da marca Fiat, ou seja, tem segurança porque a professora protege as crianças, tal como a figura materna; tem espaço, já que notamos as vozes das crianças – não sabemos exatamente o número de crianças, mas pela intensidade são muitas. Até Joãozinho grita do fundo. E percebemos que a "tia" está preocupada em não perder ninguém, pois o veículo comporta muitas crianças ("todo mundo").

Assim, a representação da professora como figura materna atribui credibilidade à marca, reforçada pelo *slogan* "Novo Fiat *Pick-up* com muito mais espaço interno. Conforto e tecnologia para você transportar o que quiser".

O espaço é um aspecto que ganha maior ênfase porque se trata de uma inovação para o produto. É um modelo ("*Pick-up*") conhecido pelo consumidor, porém com algo melhor, isto é, o "espaço interno", por isso os advérbios ("muito", "mais") intensificam e valorizam essa novidade, para ser retomado no período seguinte: "para você transportar o que quiser".

Elegê

A segunda peça selecionada é a dos produtos Elegê, produzida pela Agência QG Propaganda, criação de Marcello Droopy, Toni Rodrigues, Nicholas Bergantin, direção de Marcello Droopy, com o título: "Professora".

> Sinal de término da aula e barulho de crianças.
>
> Professora: "Oi, você que é a mãe de Marcelinho?".
>
> Mãe: "Sou sim!".
>
> Professora: "Eu sou a professora da turma... muito prazer... o seu filho...".
>
> Mãe (interrompendo a professora): "Já sei... já sei..., ele é um excelente aluno. O melhor da classe. O mais bonito, que tem mais amigos, popular, esperto, inteligente; aliás, eu acho que ele tinha que pular de ano inclusive. Você não acha?".
>
> Professora: "É... que ele só esqueceu a blusa na aula!".
>
> Mãe: "Ele fica liiindo nessa blusa, não é?".
>
> Seu filho merece o melhor do leite. A Elegê tem leites, iogurtes, requeijão e muito mais. "Elegê, o melhor da vida, o melhor do leite."

Observamos que, de um lado, a professora é atenciosa com o aluno e até afetuosa, pois o trata pelo diminutivo: Marcelinho. Ela ouve todo o discurso da mãe sem interrompê-la nem contestar o que fala sobre o filho. Por outro lado, a mãe não ouve a professora, não lhe dá atenção; seu amor é incondicional, visto que o garoto não tem nenhum defeito, ao contrário, só possui atributos positivos ("bonito", "popular", "inteligente", "esperto"). Há certa similaridade no comportamento das duas: ambas inspiram um sentimento de proteção.

Como o filho é exemplar, há uma equivalência com o produto, pois é o "melhor". Assim, como outros filhos também são os melhores, logo todos eles merecem o leite. Como podemos perceber, "filho" e "leite Elegê" possuem os mesmos atributos.

A professora como mediadora entre a mãe e o filho não tem um papel ativo, apenas concorda com a mãe, pois esta não ouve o que a professora tem para falar.

Semp Toshiba

Outra peça publicitária veiculada nas rádios traz apenas vozes masculinas. Trata-se da propaganda da SEMP TOSHIBA, cujo título é "Professor". Criada por Fábio Saboya, com direção de João Live, ganhou o prêmio Bronze no 30º anuário do Clube de Criação, em 2005.

> Professor: "Bom, vamos lá, pessoal. Vamos caprichar no sotaque japonês. Por enquanto só o pessoal de venda... vamo lá: COMPUTADORO MUITO BOM!".
>
> Vendedores: "COMPUTADORO MUITO BOM, garantido, né?".
>
> Professor: "Bom, bom! Agora, só o pessoal da assistência técnica... Vamo lá: GARANTIA NON COBRE!".
>
> Pessoal da assistência técnica: "GARANTIA NON COBRE! Porobrema programa, desriga e riga de novo".
>
> Professor: "Bom, bom! Hi! Agora só os advogados... vamo lá...".
>
> Fingir que é japonês é fácil. Difícil é ter a tecnologia e a garantia de um *desktop* Nilsen da Semp Toshiba, com processador Intel Pentium 4.

Nessa peça é interessante notar que as vozes são masculinas e a ambientação não é na escola, mas no local de trabalho. A imagem do professor é de alguém que está ensinando como enganar o público, mentindo sobre a verdadeira origem de produtos sem a marca Semp Toshiba. A ideia é mostrar que os produtos Semp Toshiba são melhores do que os de outra marca.

O efeito de humor está na contraposição dos enunciados: "computadoro muito bom" x "garantia non cobre", porque rompe com a lógica da boa qualidade e credibilidade, além do estereótipo da linguagem utilizada por descendentes de japoneses.

A coerência do texto ganha consistência com o *slogan* "Fingir que é japonês é fácil", ou seja, qualquer um pode copiar os produtos ou sotaque, mas não é qualquer indústria que possui a tecnologia da empresa japonesa.

Diferentemente das etapas iniciais da vida escolar, na educação profissional, a voz masculina do professor se torna mais presente, segundo o Portal do professor (MEC), pois

> a cada etapa do ensino regular amplia-se a participação dos homens, que representam 8,8% nos anos iniciais do Ensino Fundamental, 25,6% nos anos finais e chegam a 35,6% no Ensino Médio. Somente na educação profissional encontra-se situação distinta, pois há uma predominância de professores do sexo masculino (MEC, p. 21).

A voz masculina encontra-se, então, no espaço profissional, o que difere das outras peças veiculadas pelo rádio. E a ironia consiste na possibilidade de criar um discurso contrário àquele esperado para um professor. Cria-se, nesse sentido, uma tensão com o estereótipo do professor afetivo e protetor, ao mesmo tempo que ocorre uma distensão por seu efeito humorístico. Vale destacar que nesse caso não é possível estabelecer a relação professor/pai, como nas peças publicitárias da picape e do leite (professora/mãe).

O roteiro é coerente com a proposta para convencer o consumidor, isto é, apontar que as outras marcas não possuem a mesma qualidade da Semp Toshiba, porque são cópias. Essa estratégia é importante para enfatizar a identidade da marca. Conforme Randazzo destaca,

> a identidade da marca define a marca. Desenvolver uma apropriada identidade da marca é a chave para desenvolver marcas bem-sucedidas. É o que transforma uma coisa (o produto) numa entidade perceptual com a sua personalidade específica e o seu inventário perceptual imagético, sentimentos e associações. A identidade da marca cria uma presença mais forte na mente do consumidor e ajuda a diferenciar aquela marca das demais. Uma identidade de marca sedutora e apropriada humaniza e personifica o produto, o que por sua vez facilita a criação de um *vínculo emocional* do consumidor com a marca em questão (RANDAZZO, 1996, p. 45).

Voz feminina x voz masculina

Nessas três peças publicitárias temos como representação do professor:

Fiat	Elegê	Semp Toshiba
Voz feminina	Voz feminina	Voz masculina
Proteção	Proteção	Perversão

Conforme Citelli, a linguagem do rádio "aciona com mais força, um dos órgãos de sentido dos ouvintes: nesse aspecto – e diferentemente de meios como a televisão, que combinam vários tipos de signos –, o potencial comunicativo do rádio fica bastante vinculado à audição" (2006, p. 97), é por isso que "as palavras conseguem avivar, invocar, agudizar o imaginário do ouvinte" (CITELLI, 2006, p. 97). Não somente o texto participa da construção desse imaginário, mas também a tonalidade da voz, a intensidade da entonação.

A imagem da professora é construída pelo tom de voz suave, e o *script* permite aproximá-la da figura materna por meio do discurso que revela um sentimento de proteção. Já a voz masculina é firme e enérgica, porém o discurso não é apropriado para um professor, pois induz à transgressão da ética de atendimento ao consumidor. Essa é uma estratégia para dar um caráter cômico à peça publicitária. Mas vale destacar que isso só é possível porque o cenário não é o da sala de aula, ao contrário das outras peças publicitárias.

Considerações finais

A representação do professor adquire um significado como elemento persuasivo na composição das peças publicitárias, atribuindo um valor ao produto. Para Meneguin, as imagens utilizadas pela publicidade são estereótipos cujo objetivo é "sensibilizar o destinatário, personificar o que é impessoal, como o produto, ou imaterial, como a marca ou a ideia, inserindo-os no dia a dia e dando-lhes vida" (2009, p. 39). Tais imagens ganham força na medida em que podem resgatar experiências vividas ou propiciar novas experiências.

No discurso publicitário, a representação do professor torna-se mecanismo linguístico, isto é, "transforma-se em linguagem", pois, de acordo com Garcia, "o objeto corpóreo constitui-se como órgão aglutinador e mediador de informações, produzindo a (re)significação de dados na ordem da expressão (inter)comunicacional na experiência humana" (2005, p. 34). Estrategicamente funciona como elemento de persuasão para "levar o público a um grau de crença satisfatório para a compra e a confirmação pública dessa ação, vista/lida como vantagem ao adquirir o produto ou ao mudar o seu comportamento" (GARCIA, 2005, p. 46).

O fazer pedagógico do professor serviu de parâmetro para compor os pequenos enredos, que revelam uma abordagem temática em sincronia com o contexto da escola, ou seja, os produtores das propagandas estão atentos às transformações históricas do discurso político-pedagógico: do modelo tradicional de ensino nos anos 80 para um ensino dialógico do século XXI, ainda que mantenha determinadas características peculiares, como a predominância da presença feminina e, muitas vezes, a simbiose professora/mãe.

Referências bibliográficas

CARVALHO, Nelly. *Publicidade. A linguagem da sedução*. São Paulo: Ática, 1996.

CHARAUDEAU, Patrick. *Discurso das mídias*. São Paulo: Contexto, 2006.

CHAVES, Sarah N. S. *Tenho cara de pobre: Regina Casé e a periferia na TV*. Dissertação de Mestrado. Rio de Janeiro: Universidade do Rio de Janeiro.

CITELLI, Adilson O. *Palavras, meios de comunicação e educação*. São Paulo: Cortez, 2006.

FONTENELLE, Isleide A. *O nome da marca*. 2. reimpressão. São Paulo: Boitempo, 2006.

FOUCAULT, Michel. Representar. In: *As palavras e as coisas*. 9. ed. São Paulo: Martins Fontes, 2010.

GARCIA, Wilton. *Corpo, mídia e representação*. São Paulo: Pioneira Thomson Learning, 2005.

MAINGUENEAU, Dominique. *Análise de textos de comunicação*. 5. ed. São Paulo: Cortez, 2000.

MEC. Estudo exploratório sobre professor brasileiro. Disponível em: <http://portal.mec.gov.br/dmdocuments/estudoprofessor.pdf>. Acesso em: 15/03/2011.

MENEGUIN, Ana. M. P. L. *Duas faces da publicidade. Campanhas sociais e mercadológicas*. São Paulo: Anablume, 2009.

METZ, Christian. *Linguagem e cinema*. São Paulo: Perspectiva, 1980.

PENTEADO, Heloisa D. *Comunicação escolar. Uma metodologia de ensino*. São Paulo: Salesiana, 2002.

RANDAZZO, Sal. *A criação de mitos na publicidade: como os publicitários usam o poder do mito e do simbolismo para criar marcas de sucesso*. Trad. Mario Fondelli. Rio de Janeiro: Rocco, 1996.

TREVISAN, Amarildo L. *Pedagogia das imagens culturais*. Rio Grande do Sul: Unijuí, 2002.

WITTGENSTEIN, Ludwig. *Investigações filosóficas*. São Paulo: Abril, 1984 (Os Pensadores).

Ambiente escolar e a publicidade governamental

ROGÉRIO PELIZZARI DE ANDRADE

Algumas e poucas palavras parecem bastar para a identificação do cenário. Uma mulher de meia-idade está em pé e fala. Usa óculos de grau de armações grossas, avental branco, eventualmente pode estar segurando uma régua de madeira ou um livro aberto. Há um quadro-negro ou verde, giz, um bocado de anotações ou expressões matemáticas que servem de suporte à oradora de quando em quando. Crianças uniformizadas estão sentadas em conjunto de mesa e cadeira, organizadas em fileiras, e assistem atentamente às *explicações*. De vez em quando uma ou outra levanta a mão para fazer perguntas ou tentar responder a desafios lançados pela falante. Também não faltam livros, cadernos, lápis, borracha e caneta.

O breve relato dispensa nomeações prévias por revelar um clichê bastante familiar do qual fazem parte o professor e os alunos, na sala de aula, em plena (e suposta) *representação* daqueles que seriam os seus devidos papéis: o primeiro ensina, enquanto os últimos aprendem.

Os debates promovidos em torno dos desafios da educação levam em conta um tempo marcado pela intensa influência dos meios de comunicação nas relações humanas e sinalizam para a necessidade de um novo modelo. Amplamente discutida por estudiosos, pedagogos e, de certa forma, pela própria sociedade, esta nova configuração se basearia em alternativas mais democráticas de ensino. Nela prevaleceria a participação maior dos alunos, o estímulo e ampliação do diálogo e a proximidade entre educadores e estudantes. Também seria valorizada a utilização de novos recursos, como os aparatos tecnológicos, e de novas linguagens, sobretudo aquelas que representam as vivências e experiências individuais e coletivas dos aprendizes.

A ideia de mudança não chega a ser nova. Ainda que haja discordância em relação ao que exatamente, de que maneira e por meio de quais métodos, prevalece o entendimento de que algo *tem* de ser feito. Considerando-se as novas configurações e as demandas que caracterizam os dias de hoje, a discussão, que assume papel de centralidade inclusive nos *media* parece se voltar para a tese de que existe um modelo conservador, superado, e que precisa ser substituído.

A descrição do ambiente escolar e de suas personagens feita nos dois primeiros parágrafos deste artigo faz remissão a uma *imagem* que, pode-se dizer, em muito se aproxima do modelo tradicional da educação. A professora tipificada, detentora do conhecimento, que ensina e transmite conceitos aos alunos. Estes assumem posição passiva, apenas ouvem ou falam (eventualmente) quando autorizados. Aprendem por meio dos registros anotados na lousa, pelo conteúdo de livros e apostilas, pelas palavras proferidas pela mestra.

Estão ausentes deste cenário, portanto, o diálogo, a colaboração, as individualidades, as referências do cotidiano.

Tal abordagem, como já foi dito, não chega a ser nova. Já no início do século XX, o menino Walter Benjamin, que frequentava os bancos escolares, *desenhava*, em suas incursões por uma das ocupações prediletas da infância, "a decalcomania" (BENJAMIN, 1987, p. 119), os contornos de uma instituição que pouco favorecia a criatividade e o prazer para se vincular muito mais à obrigação e às formas burocráticas de aprendizagem.

Em *A ideia de formação na modernidade*, Bolle (1997) resgata esta face do pensamento benjaminiano presente em textos como *Infância berlinense por volta de 1900* e *A vida dos estudantes*. Ao se referir aos tempos de criança, o teórico alemão, que "estava muito atento e engajado nas formas que a instituição de ensino tinha e as que poderia ter" (BOLLE, 1997, p. 10), critica uma estrutura que para ele não estimulava os alunos nem buscava transformar o exercício do conhecimento em uma experiência libertária para os aprendizes e, no limite, talvez sequer significasse um momento de descoberta.

> uma das imagens da decalcomania de que nos fala a criança do nosso *tableau* mostra uma "classe atenta ao professor que no quadro-negro lhe representa algo". O verbo traduzido aqui por representar é *vormachen*, no original – uma palavra ambígua, podendo significar "ensinar", mas também "fingir" (Id., p. 11).

O adulto que narra suas memórias da infância lembra que era na escrivaninha de casa, mais do que na carteira da escola, que ele tinha o encontro com o saber. Livre das exigências manifestas nas avaliações, notas e "correções ali registradas em tinta vermelha" (1987, p. 120), ele se sentia protegido, livre para pensar e criar como bem entendesse.

O presente estudo parte deste entendimento acerca da imagem da educação para analisar filmes publicitários desenvolvidos por governos estaduais e municipais de diferentes regiões do Brasil. A hipótese da pesquisa se inspira na ideia de que ao promover ações, campanhas e políticas públicas, estes entes administrativos criam peças que *compõem uma forma de representação do ambiente escolar que se aproxima daquele sugerido por Benjamin.*

Mais do que isso, a expectativa é de que apesar de originários de diferentes programas, partidos, localidades, culturas e demandas sociais, é possível estabelecer uma unidade entre estes filmes. Isto é, a caracterização do professor, dos alunos e da sala de aula, bem como o comportamento das personagens que integram este cenário, obedecem a um padrão. A senhora de meia-idade, trajada com a indumentária da mestra, os estudantes vestidos todos iguais, obedientes e em silêncio; anotações de giz na lousa; aulas que se parecem com monólogos, sem interação ou interatividade etc.

Contudo, antes de abordarmos diretamente o estudo, julgamos oportuno trilhar um caminho, que passa pelo aprofundamento de questões previamente expostas no presente artigo. Ao rever o formato de educação considerado conservador e ultrapassado, amplamente criticado por diferentes setores da sociedade, pretendemos abordar temas como o desafio da emancipação, o conceito de disciplina, a contraposição de um ideal de formação em relação ao de formação.

Cabe reforçar que tais aspectos serão tratados, na medida do possível, sob a perspectiva da *imagem*. Neste contexto, julgamos oportuno também mencionar noções de estereótipo e preconceito.

Emancipação e disciplinas como *olhares* distintos sobre a educação

O ponto de partida desta discussão guarda relação com um tema caro a Adorno (2006) e com seu entendimento acerca do ensino formal. Constituído na antítese do que considera propostas cerceadoras de formação intelectual, que minam a capacidade de pensar dos estudantes e que os direcionam a um meio de conhecimento instrumentalizado, voltado estritamente à capacitação profissional e às expectativas do mercado, o pensamento do filósofo alemão se baseia na premissa de que *a educação é*, em primeiro lugar, *um ato de emancipação*. Neste sentido, ela deveria estar voltada ao desenvolvimento da *autonomia dos indivíduos*. As aptidões intelectuais estimuladas não como forma de atingir a disciplina, a retidão e a obediência, mas com o objetivo de exercitar a criatividade, de lapidação do espírito crítico e de exaltação das individualidades.

As propostas pedagógicas que vigoram desde a Revolução Francesa e que pouco teriam se aperfeiçoado desde então, no entendimento de Adorno, em nada se aproximam deste ideal libertário. Muito pelo contrário, parecem valorizar justamente características que tendem a limitá-lo, como a ordem e a disciplina.

A análise da obra *Educação, autoridade, responsabilidade – reflexões para uma ética pedagógica*, escrita por Ernest Linchtenseteinm, municia esta posição refratária em relação à escola convencional. Defensor de um modelo calcado na autoridade e na ordem, ele entendia como ameaça ou manifestação da decadência toda e qualquer expressão ou comportamento que estivesse à margem do sentido de obediência. E dentre as expressões que melhor se ajustariam à *imagem* ideal das instituições de ensino estariam o *respeito, a ordem e o compromisso.*

A crítica de Adorno ao pensamento de Linchtenseteinm se direciona justamente ao que o último considera o aspecto primordial. A disciplina, as regras e os ditames impingidos pela instituição representam para o primeiro uma forma de aprisionamento, uma vez que a finalidade da escola deveria ser exatamente oposta.

> Mas, no lugar de emancipação, encontramos um conceito guarnecido nos termos de uma ontologia existencial de autoridade, de compromisso, ou outras abominações que sabotam o conceito de emancipação atuando assim não só de modo implícito, mas explicitamente contra os pressupostos de uma democracia (ADORNO, 2006, p. 172).

Outro ponto que merece destaque refere-se à chamada concepção clássica da educação, moldada a partir do ideal de *formação* de Aristóteles, e os abalos que ela teria sofrido especialmente no decorrer do último século.

O pensador grego considerava que o homem, ao nascer, era uma espécie de página em branco que ia sendo preenchida. Ao longo de nossa trajetória pessoal, temos a oportunidade de aprimorar, exercitar e desenvolver nossas habilidades a partir do acúmulo de conhecimento, que dá acesso a novos e mais complexos degraus da escala evolutiva.

A princípio, a educação formal, a que temos acesso por meio da escola, foi fundada com base neste parâmetro. A divisão em séries, a criação de ciclos, o sistema de avaliação e a sistematização e organização dos conteúdos dão conta desta relação. Cabe nesta reflexão a menção à amplitude do termo disciplina, que, com o passar do tempo, abarcou a organização dos assuntos a serem ensinados, suas formas demarcatórias e os limites estabelecidos entre eles. Embora originalmente estivesse vinculado, conforme as palavras de Chervel, à ideia de "vigilância dos estabelecimentos, à repressão das condutas prejudiciais à sua boa ordem e àquela parte da educação dos alunos que contribui para isso" (1990, p. 178), o termo passou a ser admitido também para estabelecer a divisão entre *matérias*: matemática, língua portuguesa, história, geografia...

Não totalmente desvinculado de sua primeira acepção, o termo disciplina foi aprimorado a partir de um modelo pedagógico que se desenvolveu depois da segunda metade do século XIX, e que se caracteriza pela "estreita ligação com a renovação das finalidades do ensino secundário e do ensino primário". Neste sentido, haverá uma aproximação com o que se convencionou chamar de "ginástica intelectual" (CHERVEL, 1990, p. 179).

Por um lado, a possibilidade de especialização dos docentes e o aproveitamento das aulas de acordo com assuntos específicos. Por outro, o aumento do grau de complexidade, à medida que os estudantes adquirem novas habilidades e as desenvolvem.

Formar e transformar

Ainda neste contexto, a metáfora de que o homem é uma pedra bruta a ser esculpida é apropriada para se referir às estratégias definidas nos programas curriculares e aplicadas em sala de aula. Os estudantes entram em contato com um universo de teorias, conceitos, normas, símbolos, índices, fórmulas e teoremas que se acumularam ao longo do tempo e que proporcionam a passagem do estágio abstrato, sem delimitações claras, para o concreto e bem definido. Nas palavras de Rocha, "a formação é, portanto, passagem do mais indeterminado ao mais determinado" (2006, p. 269).

No entanto, novas demandas sociais foram surgindo e, profundamente influenciadas pelos meios de comunicação, tiveram como consequência mudanças em relação às possibilidades de aquisição do conhecimento. Com isso, a chamada educação informal, proporcionada por interações com agentes externos à educação formal e do qual fazem parte os *media*, ganhou espaço na sociedade.

Tendo em vista as características dos produtos mediáticos, que não foram criados para educar e sim para entreter, seus objetivos levam em consideração a veiculação da maior quantidade de informação possível, ou seja, salvo algumas exceções, não há preocupações em relação à qualidade – há uma preferência pela fragmentação e por produtos descartáveis.

Verifica-se, em função deste cenário, uma tensão entre a educação formal e a informal. A escola, que requer um tempo diferente daquele vivenciado fora dela e valoriza a construção de um conhecimento pautado em programas, estruturas curriculares e, portanto, no ideal de *formação*, entra em conflito com estes outros meios de aquisição do conhecimento, que são mais vinculados *à mobilidade e à transformação*.

Neste contexto, o ponto de vista que prevaleceu por mais de dois mil anos, que dá conta de verdades universais e do homem como uma pedra bruta a ser lapidada, dá espaço ao argumento oposto, que se distancia da perspectiva aristotélica e se aproxima de Nietzsche, que, num sentido radical da percepção acerca da aquisição do conhecimento, valoriza mais o processo de *transformação*. Ao homem cabe revolucionar o tradicional, reinventá-lo, opor-se a ele. Neste caso, é a metáfora da água a ser usada. Líquida, incapaz de ser contida, de se fixar, trilha diferentes caminhos, sem direção certa, além de poder assumir momentaneamente outros estados (líquido e gasoso).

Rocha (2006) desenvolve esta reflexão, que contrapõe as ideias de Aristóteles às de Nietzsche sob a ótica da educação, no artigo "Tornar-se quem se é: educação como formação, educação como transformação". Ao mencionar as trajetórias do conhecimento, ela pondera a possibilidade de se desenvolver projetos pedagógicos em uma época em que predominam as formas intangíveis, voláteis e incertas de se efetivar a aprendizagem.

A concepção nietzschiana revelada pela autora se alinha ao entendimento de que o sujeito não é forjado a partir de um determinado ponto inicial e disforme para um fim específico. O indivíduo se constitui a cada nova experiência, que tem como resultado a apropriação do saber e, partindo deste princípio, o processo distancia-se dos conceitos de consolidação, acúmulo ou estatismo do conhecimento. "A possibilidade de constantemente se reinterpretar, se reinventar, diferir de si mesmo" (ROCHA, 2006, p. 271) é quase uma negação do que foi, do que era, uma ação de desligamento da memória, a "permanente disponibilidade de romper com aquilo mesmo que se reconhece como 'eu'" (Id., p. 272).

A volatilidade dos nossos dias é abordada também por Bauman (2009), mas a partir de uma concepção especialmente voltada para a sociedade de consumo. O sociólogo polonês, que ficou conhecido por cunhar expressões como *sociedade líquida*, *modernidade líquida* e *amor líquido*, faz um diagnóstico pouco otimista das condições da cultura atual. A ausência de um mundo palpável, ou melhor, a substituição de uma *realidade* tangível, sólida, possível de se apreender, por outra que se caracteriza pela inconsistência, pela imprevisibilidade, onde o que vale é o descartável, o substituível, o imediato e o efêmero; em um tempo em que "caminhar é melhor que ficar sentado, correr é melhor que caminhar e surfar é melhor que correr" (BAUMAN, 2009, p. 661), ele afirma que existe uma priorização pela mobilidade em detrimento do estático. Comprometimento é quase sinônimo de inflexibilidade, um fardo que pode significar estagnação e desatualização. Em síntese, viver no século XXI é estar atento para o novo de todos os dias, que nasce quase velho e, não raro, morre antes de amadurecer.

> No mundo líquido moderno, de fato, a solidez das coisas, tanto quanto a solidez das relações humanas, vem sendo interpretada como uma ameaça: qualquer juramento de fidelidade, compromissos a longo prazo, prenunciam um futuro sobrecarregado de vínculos que limitam a liberdade de movimento e reduzem a capacidade de agarrar no voo as novas e ainda desconhecidas oportunidades (Id., p. 662).

A situação de crise, entretanto, não invalida as análises sobre o presente, que sugerem caminhos, no sentido de se construir o novo, o amanhã, o depois de amanhã. O diagnóstico feito também por Martín-Barbero (2002), que nos classifica como membros de uma *sociedade da educação*, revista por Orozco Gómez (2004), que crê ser mais adequado considerá-la *sociedade da aprendizagem*, vai ao encontro desta perspectiva.

Parece aceitável considerar que estamos submetidos a um processo de descentralização. Transita-se de uma educação fundamentalmente definida pelos padrões clássicos para outra em que existem distintas fontes, muitas origens e boa parte delas em nada se relaciona com as instituições formais.

Houve um tempo em que a missão dos professores era claramente definida e estava centrada no *ensinamento*, na transmissão do conhecimento. A relação entre alunos e mestres parecia mais clara, com contornos nítidos. Cabia ao educador conduzir os educandos pelo caminho do saber.

Da concretude para a liquidez, vivemos dias nos quais o que antes era palpável hoje escorre pelas mãos. Parece haver um desafio aí, no sentido de encontrar alternativas que levem em consideração essa ideia de transitoriedade. Também se apropriando da metáfora da água, Lèvy associa o *ciberespaço* a um rio, que permite a universalização da informação, mas que, por conta da falta de controle, sofre com problemas permanentes de enchente. "Não contente de correr sempre, o rio de Heráclito agora transbordou" (LÈVY, 2008, p. 151).

Estereótipo, preconceito e imagem

Um último ponto será abordado antes da apresentação da análise a que o presente artigo se propõe. Até por conta das características dos filmes publicitários, que são feitos de maneira que as personagens, os cenários e os contextos que deles fazem parte sejam facilmente reconhecidos, não raro, servem-se do estereótipo e do preconceito. É comum que tais peças criem tipos, envolvidos em signos que permitam a fácil percepção e que não necessariamente traduz a realidade, mas uma representação imagética simplificada, com frequência equivocada e distorcida.

Como destaca Heller, este caráter ultrageneralizador é inevitável na vida cotidiana e, via de regra, chegamos a ele por intermédio de dois caminhos. "Por um lado, assumimos estereótipos, analogia e esquemas já elaborados; por outro, eles nos são 'impingidos' pelo meio em que crescemos" (HELLER, 1985, p. 44).

Em ambos os casos, parece que o fator cultural, que as experiências coletivas, são determinantes para a composição da *imagem*, da leitura estereotipada. Fruto da herança social, que é transmitida, recebida, intercambiada e alterada, é também produto da reflexão individual, negociada pela linguagem.

Enquanto ponto de partida social do pensamento individual, a linguagem é a *mediadora* entre o que é social, dado, e o que é individual, criador, no pensamento individual. Na realidade, a sua mediação exerce-se nos dois sentidos: não só transmite aos indivíduos a experiência e o saber das gerações passadas, mas também se apropria dos novos resultados do pensamento individual, a fim de transmiti-los – sob a forma de um produto social – às gerações futuras (SCHAFF, 1974, pp. 250-251).

O entendimento parece, de certa forma, explicar os motivos pelos quais uma situação *representada* pelos filmes publicitários é aceita como verdadeira, mesmo não correspondendo ao que vivenciamos.

Para melhor elucidar a abordagem, convém tomar como exemplo as próprias campanhas educacionais que fazem parte da presente análise. Ainda que a ideia de sala de aula organizada, de alunos comportados, devidamente uniformizados, felizes e silenciosos possa não ser compatível com a realidade, trata-se de uma *simulação do ambiente escolar*, que pode fazer parte do senso comum, do entendimento coletivo a respeito da atividade.

A mulher de meia-idade, vestida de avental, que usa óculos de grau e está de cabelo preso retrata o entendimento geral acerca de qual é a *imagem da professora*? É provável, mesmo que este perfil não reflita aquele com o qual o aluno lida todos os dias, nas diferentes disciplinas que acompanha durante o ano letivo.

A respeito dos produtos dos meios de comunicação, como argumenta Lippmann, pode-se dizer ainda que há uma tendência pela absorção daquilo que é veiculado sem leituras prévias ou interpretações.

> As fotografias têm hoje sobre a imaginação a espécie de autoridade de que a palavra impressa tinha ontem e, antes dela, a palavra falada. Parecem absolutamente reais. Cuidamos que nos cheguem diretamente, sem intervenção humana, e são, para o espírito, o alimento mais fácil que se pode imaginar. (...) Na tela, porém, todo o processo de observar, descrever, relatar e depois imaginar já foi realizado para nós (LIPPMANN, 1980, p. 158).

Para confirmar o postulado, seria necessário realizar um estudo inteiramente voltado para questões que não são contempladas aqui. Em todo o caso, por mais que fuja aos objetivos originais do trabalho, arriscamos lançar a hipótese de que a imagem coletiva amplamente aceita do ambiente escolar, acima das críticas e denúncias relacionadas a uma instituição que não funciona, é ou pode ser conservadora.

Metodologia

O *corpus* desta análise é composto de dez filmes publicitários, desenvolvidos por duas cidades, três estados, além do Distrito Federal. São eles: um de Mossoró, um de Florianópolis, um da capital paulista, dois do Ceará, um de Santa Catarina, dois do estado de São Paulo e um de Brasília.

O levantamento foi realizado entre os dias 14 e 15 de janeiro de 2011 no sítio do *YouTube*.[1] Com o propósito de promover a estratificação da busca e trabalhar com uma base menos dispersa, optou-se por refinar o levantamento por meio de expressões entre aspas: "campanhas publicitárias de educação", "publicidade de educação", "educação" e "publicidade", "Secretaria de Educação", "secretaria" e "educação", "educação" e "campanha".

Os critérios iniciais de seleção eram filmes institucionais, produzidos por governos municipais ou estaduais, com o propósito de divulgar ações e políticas públicas. Os resultados decorrentes foram integralmente analisados, sem que se recorresse às navegações em *hiperlinks*, a fim de se preservar o mínimo de controle em relação às expressões pesquisadas.

A primeira captação gerou um volume de 87 vídeos, produzidos por 16 diferentes Estados e 22 municípios.

Os parâmetros utilizados para que se chegasse ao número final e, sobretudo, que tornaram os produtos aptos para a análise futura foram o (1) tamanho não superior a dois minutos e (2) a necessidade de haver, nestes filmes, o que pode ser chamado de *simulação do ambiente educacional*.

Dito de outra forma, só foram admitidas peças com formato próprio para veiculação em TV e nas quais as figuras do professor, dos alunos e da sala de aula estivessem em pleno exercício de seus papéis. Os professores que dão aula, os alunos que assistem, em uma sala em específico.

Se o filme tivesse o mínimo registro deste cenário, por menor que fosse a participação em relação ao tempo total da peça, já seria suficiente para admiti-lo como componente da análise. Aliás, para o estudo promovido posteriormente, apenas estes fragmentos dos filmes foram considerados. Por outro lado, descartou-se qualquer outro referencial, como tomadas externas, obras, depoimentos etc. Isto porque a intenção primeira era verificar a *imagem* construída em relação a estas personagens. Assim, entendemos que *seus papéis tenderiam a ser melhor representados no mencionado ambiente de simulação*.

Por fim, como critério da análise dos filmes, julgamos essencial considerar quatro tópicos distintos:

- Como os professores são caracterizados fisicamente?

---

[1] Ver: <www.youtube.com>.

- Como os professores se comportam?
- Como os alunos se comportam?
- Quais são as características das salas de aula?

Análise dos filmes institucionais de educação

Um quadro sintético foi produzido para melhor elucidar os resultados alcançados com o estudo dos filmes publicitários. Levando-se em consideração os números consolidados, percebe-se a tendência à generalização previamente postulada.

A soma do tempo de todas as peças atinge os 6 minutos e 30 segundos. Destes, 2 minutos e 26 segundos retratam o que chamamos de *ambiente educacional*. Portanto, quase 40% do tempo utilizado é de registros imagéticos que se caracterizam pela simulação da aula, em uma sala, com a presença da professora e de alunos.

Exatos 29 professores são apresentados, nas condições determinadas para a análise, ao longo dos 10 filmes. Destes, 27 são do sexo feminino, das quais 15 (ou 56%) estão na meia-idade, 17 (62%) vestem avental e 12 usam óculos de grau. Curioso imaginar, em relação a este último, que a incidência de míopes entre as docentes – quase 45% do universo total – parece razoavelmente superior à média da população brasileira.

Por estes números se observa, portanto, um tipo físico que carrega traços característicos. Mulher, acima dos quarenta anos, de cabelos curtos ou presos, que usa óculos de grau e avental.

Quadro analítico - Filmes Institucionais de Secretarias de Educação

Ente promovido	Tempo total	Em sala de aula	%	Total de professores	Características físicas dos professores
Secretaria de Educação de Mossoró	30s	10s47	36.7	1	Professora, meia idade, avental branco, cabelo preso, óculos de grau, saia bege
Casa Civil do Governo do Ceará	30s	10s61	36.7	2	(1) Professora jovem, calça social bege, blusa e lenço verde no pescoço, óculos quadrado e armação grossa preto, batom e sapato de salto; (2) Professor jovem, camiseta polo verde, listada, caça bege
Secretaria de Educação do Ceará	1 min.	15s	25	2	(1) Professora, jovem, jeans escuro, camisa florida, manga curta, cabelos presos; (2) Professora, meia-idade, avental branco, óculos de grau
Governo do Distrito Federal	1 min.	22s44	38.3	2	(1) Professor de avental e camisa listada; (2) Professora, meia--idade, avental, camiseta branca, calça jeans, cabelo preso
Governo do Estado de São Paulo	1 min.	35s65	60	9	(1) Professora, meia-idade, jeans, avental, blusa escura, cabelo curto, óculos de grau; (2) Professora loira, meia-idade, usa avental; (3) Professora, meia-idade, cabelo preso, rabo de cavalo, avental; (4) Professora jovem, jeans, avental, cabelo solto; (5) Professora, meia-idade, cabelo chanel, avental fechado, óculos de grau; (6) Professora, meia-idade, avental, cabelo chanel, vestido azul, óculos de grau; (7) Professora, meia-idade, cabelo curto, óculos de grau, jeans; (8) Professora, avental fechado, blusa verde; (9) Professora, rabo de cavalo, avental.
Secretaria de Educação de Santa Catarina	30s	6s	20	1	Professora, meia-idade, camisa rosa e manga longa, colar de pérolas, cabelo preso, franja solta, óculos de grau
Secretaria Municipal de Educação de São Paulo	30s	18s	60	3	(1) Professora, meia-idade, usa avental fechado, camisa rosa claro de manga curta; (2) Professora na casa dos 30 anos, camisa branca, avental bege, manga longa e dobrada, calça jeans e bota; e (3) Professora, meia-idade, cabelo curto, não usa avental
Prefeitura de Florianópolis	29s	13s15	44.8	4	(1) Professora, na casa dos trinta, camisa branca, sem gola, com todos os botões fechados, manga curta, brincos pequenos; (2) Professora, meia-idade, blusa verde clara e calça bege, cabelos presos; (3) Professor, meia-idade, óculos de grau, calça jeans, camiseta polo azul; (4) Professora, jovem, calça jeans, camiseta amarela, sapato preto, cabelo preso
Governo do Estado de São Paulo	30s	8s	26.7	3	(1) Professora, meia-idade, avental sem manga e branco, fechado, camisa rosa de marga curta, cabelo vermelho e curto, usa óculos; (2) Professora, jovem, cabelo curto, calça preta, camisa roxa, brincos de argola, avental; (3) Professora, meia--idade, óculos de grau, cabelo curto, camisa florida, mangas dobradas, avental branco aberto, brincos de argola pequenos
Governo do Estado de São Paulo	30s	4s83	16.7	2	(1) Professora, jovem, cabelo curto, calça preta, camisa roxa, brincos de argola, avental; (2) Professora, meia-idade, óculos de grau, cabelo curto, camisa florida, mangas dobradas, aven-tal branco aberto, brincos de argola pequenos

Comportamento dos professores • 135

Comportamento dos professores	Comportamento dos alunos	Características da sala de aula
Em pé, ensina, fala, explica	Sentados, organizados, quietos, ouvem, fazem lição no caderno e sorriem	Quadro-negro com matéria, fileiras com carteiras, ordenadas e limpas
Em pé, ensina, fala, apresenta material didático, aponta para projeção de slide	Sentados, organizados, silenciosos, uniformizados, riem, fazem lição	Quadro-negro com matéria, fileiras com carteiras, ordenadas e limpas, datashow e projeção de slides.
Em pé, fala, ri, ensina, debruçada sobre carteira de aluno, orienta, material nas mãos, livros abertos, distribui livro, aponta para o quadro-negro	Sentados, silenciosos, atentos, escrevem no caderno, rindo, seguram livros abertos, uniformizados, organizados	Quadro-negro com matéria, fileiras com carteiras, ordenadas
Em pé, caminha entre fileiras, fala, livro aberto	Uniformizados, organizados, sentados, atendos às explicações, fazem anotações, duas alunas conversam , livro aberto e sorriem	Quadro-negro com matéria, fileiras com carteiras, ordenadas
Fala, supervisiona, distribui material, caminha, circula entre alunos e carteiras, explica matéria na lousa com a régua, inclinada sobre carteira do aluno, aponta material, ensina, tira dúvidas	Fazem lição, resolvem exercícios na lousa, levantam a mão, atentos às explicações, compenetrados na resolução de exercícios, lendo livros, escreve em cadernos, sentados, organizados, ouvem	Quadro-negro com matéria, fileiras com carteiras, ordenadas
Sorri, orienta aluno na carteira, segura uma das pontas do livro de um aluno	Livro aberto, seguram lápis, fazem lição, são atendidos, sorriem	Fileiras com carteiras, ordenadas, limpas
Chamada oral, em pé, explicação de matéria da lousa, tira dúvida dos alunos, confere e acompanha atividades dos alunos, segura livro	Alunos sentados, enfileirados, respondem chamada oral, aluno se levanta com a mão erguida	Quadro-negro com matéria, fileiras com carteiras, ordenadas, segundo ambiente, com mesas longas, vários alunos em volta
Professora faz perguntas aos alunos, segura livro aberto, se inclina sobre carteira de aluno, segura caderno, atende a solicitação de aluno, faz observação em relação a matéria, sentada no chão entre os alunos	Sentados, uniformizados (alguns não), levantam as mãos, fazem pergunta, chamam a professora	Mesas redondas, mais de um aluno por mesa, lousa, estante de livro, sala diferente, com mesas maiores, colorida
Explica conteúdo da lousa, usa uma régua de madeira, circula entre alunos, olha e confere caderno dos alunos, sentados, em silêncio, riem, escrevem no caderno, guarda material na mochila, observa a professora	Sentados, faz anotação, livro aberto, atentos à explicação	
Auxiliam os alunos, agachadas, circulam, falam	Uniformizados, retiram o material da mochila, fazem lição, ouvem atentamente, organizados	Mesas redondas, mais de um aluno por mesa, lousa, estante de livro

Em relação ao comportamento destes docentes, em primeiro lugar, nota-se que eles estão sempre em pé – à exceção de um caso em específico, em que a mestra está sentada no chão junto dos aprendizes. Na grande maioria das tomadas estão falando, ora com um livro na mão, ora com uma régua, ora fazendo menção às anotações da lousa. Uma boa quantidade de registros revela também o professor inclinado sobre a carteira dos alunos, como se estivessem orientando. Há ainda as captações em que eles caminham entre fileiras, observando os estudantes, na condição de supervisores e vigilantes, ou simplesmente distribuindo material didático.

As *imagens* deixam claro o papel de autoridade que lhes cabe. São os detentores do conhecimento, os condutores das salas, aqueles que dizem, orientam, transmitem conhecimento.

Os alunos, por sua vez, não falam. Dos incontáveis enquadramentos em que são revelados no transcorrer dos 10 filmes, em apenas três eles quebram o silêncio. Assim mesmo, em situações bem específicas. Em duas delas, respondem à chamada oral, aos desafios lançados pela professora. Na outra duas meninas estão sentadas juntas, com um livro aberto, e agem como se fizessem comentários a respeito da matéria.

Se os mestres estão em pé, os estudantes invariavelmente se encontram sentados. Sequer uma cena mostra configuração distinta. Além disso, eles estão sempre uniformizados, ordenados e organizados. Dividem suas ocupações basicamente em prestar atenção ao que é ensinado (quase sempre estão assim), fazer lição, levantar a mão, seja para perguntar ou receber orientação em seu próprio local de estudo e sorrir.

Cabe destacar que os alunos são apresentados em condição passiva em relação aos professores. Obedientes, pedem autorização para tudo, só se dirigem ao mestre em situações extraordinárias, e assim mesmo se a palavra lhes for concedida. Posicionados em situação inferior, num patamar mais baixo (até porque sentados), apenas na cena já citada se encontram em situação de igualdade. De resto, não participam de um diálogo, não são envolvidos em um ambiente de reciprocidade e são, em última instância, plateia.

Verifica-se, por fim, uma forma padronizada de compor a sala de aula. Em todos os vídeos, sem exceção, há quadro-negro – por sinal, devidamente preenchido com fórmulas, teoremas, conceitos e testes – e, por consequência, giz. Cada um dos filmes apresenta também pelo menos uma cena em que são registrados conjuntos de carteira e cadeira individuais, organizadas em fileiras. Há, entretanto, tomadas eventuais de mesas coletivas.

Outro elemento que está presente com substancial frequência nestes ambientes é o material didático. Não existem tomadas de alunos em que eles estejam desacompanhados pelo menos de um caderno e lápis (ou caneta). Não estão ausentes também das imagens, os livros, caderno de atividades ou apostila, que estão sempre e necessariamente abertos.

Retomando os conceitos que contribuíram para a realização do nosso percurso teórico, observamos que os elementos que compõem os cenários e o comportamento das personagens representadas por tais produtos mediáticos se aproximam do modelo combatido por Adorno. A ordem e a disciplina, a obediência, a hierarquia, a vigilância, a divisão clara de papéis e as regras, que estão entre os aspectos valorizados pelas campanhas oficiais, não são alinhadas com a ideia de emancipação defendida pelo autor alemão.

Como no tempo de Benjamin, o mestre que se impõe, os estudantes calados e a ausência de diálogo também sinalizam para a possibilidade de cerceamento da criatividade. A câmera que capta os alunos enfileirados, atentos e que respeitam a autoridade do professor sugerem a prevalência do modelo amplamente criticado, que se caracteriza pelo distanciamento e pela falta de interatividade entre aquele que ensina e os que aprendem.

O recurso à ultrageneralização e ao estereótipo, com a verificação de que os professores têm biótipo e hábitos comuns, é também um elemento de destaque. Como aponta Heller, a constituição de um cenário dissociado do que poderia ser considerado um ambiente escolar *real*[2] acaba por ser *aceito como real*.

Considerações finais

O resultado da análise dos filmes publicitários criados por governos municipais e estaduais de diferentes regiões do Brasil indicou uma tendência à padronização da imagem constituída e veiculada do professor, do aluno e da sala de aula. Apesar das realidades variadas, das diferentes demandas que caracterizam cada um destes entes administrativos, os cenários, os tipos físicos e os comportamentos mantêm

---

[2] Onde os alunos conversam, nem sempre são comportados, dialogam com o mestre e com outros colegas, fazem uso de aparatos tecnológicos, como o celular e aparelhos MP3, têm a atenção chamada com frequência, muitas vezes não prestam atenção à aula...

uma unidade. Se suprimidos alguns poucos elementos de cada uma das peças, como marcas de governos, poderia haver uma perfeita substituição de umas pelas outras. Mais do que isso, arriscamos dizer que nem o telespectador mais atento seria capaz de diferenciar quais filmes dizem respeito a quais governos.

Ao mesmo tempo, esta forma padronizada de representação do ambiente educacional vai ao encontro de um modelo tradicional de ensino que ao longo das últimas décadas sofre constantes críticas. Por intermédio dele, meios menos democráticos de fazer valer o processo de aprendizagem são exercitados. Não há diálogo entre professores e alunos e, inclusive, estes últimos sequer têm voz. Os mestres têm o poder da palavra e, em sua performance em favor do conhecimento, dirigem-se à plateia ávida, atenta ao que existe de descoberta neste ato. Nele a ordem e a disciplina assumem papel essencial.

Ainda que talvez tais peças de comunicação atendam a certos requisitos estéticos, parece apropriado retomar o vocábulo *vormachen*, de interpretação dúbia e utilizado por Benjamin em sua crítica à escola tradicional, o qual pode significar tanto ensinar quanto fingir. Se na publicidade as ações já são naturalmente simuladas – porque nela o mais importante é a aparência –, nas publicidades sobre educação a característica assume caráter duplo. Professores fingem ensinar, alunos fingem aprender, em um contexto escolar que fingimos ser real.

Referências bibliográficas

ADORNO, Theodor W. *Educação e emancipação*. 4. ed. São Paulo: Paz e Terra, 2006.

BAUMAN, Zygmunt. Entrevista sobre Educação. Desafios pedagógicos e modernidade líquida. *Cadernos de Pesquisa*, n. 137, v. 39, maio/ago. 2009.

BENJAMIN, Walter. *Rua de mão única*. São Paulo: Brasiliense, 1987. v. 2.

BOLLE, Willi. A ideia de formação na modernidade. In: GUIRALDELLI JR., Paulo (org.). *Infância, escola e modernidade*. São Paulo: Cortez, 1997.

CHERVEL, André. História das disciplinas escolares: reflexão sobre um campo de pesquisa. *Teoria e educação*, 2, pp. 177-229, 1990.

HELLER, Àgnes. Sobre preconceitos e estrutura da vida cotidiana. In: *O cotidiano e a história*. Rio de Janeiro: Paz e Terra, 1985, pp. 43-63 e 17-41.

LÈVY, Pierre. *Cibercultura*. 2. ed. São Paulo: Editora 34, 2008.

LIPPMANN, W. Estereótipos. In: STEIMBERG, CH. (org.) *Meios de comunicação de massa*. São Paulo: Cultrix, 1980.

MARTÍN-BARBERO, Jesús. *La educación desde la comunicación*. Buenos Aires: Norma, 2002.

OROZCO GÓMEZ, Guillermo. De la enseñanza al aprendizaje: desordenamientos educativo-comunicativos em los tiempos, escenarios y procesos de conocimiento. *Revista Nómadas*, Bogotá, n. 21, out. 2004.

ROCHA, Silvia P. V. Tornar-se quem se é: educação como formação, educação como transformação. In: MARTINS, A. M. M. et alli. *Nietzsche e os gregos: arte, memória e educação – V.* Rio de Janeiro: DP&A, 2006, pp. 267-278.

SCHAFF, Adam. *Linguagem e conhecimento*. Coimbra: Almedina, 1974. cap. III, pp. 247-268.

Estigma ou emancipação: da imagem do professor na web à formação para a docência

SANDRA PEREIRA FALCÃO

A intrincada teia que abrange o sistema midiático e os processos de construção da identidade pessoal e social revela-se quando nos ocupamos da análise da relação entre as pessoas e a mídia, considera Mininni[1] (2008). Para tanto,

> a experiência que cada qual faz de tal nexo, em primeira pessoa, é exposta às múltiplas nuances de uma atribuição de sentido que se desloca ao longo de um *continuum*. Este vai da sensação do que foi "demasiado dito" – quando as pessoas estão completamente em poder dos significados dos quais se nutrem – à aspiração pelo "ainda não dito", quando as pessoas orientam sua relação com a mídia para um aumento de consciência (MININNI, 2088, p. 216).

Reside no desejo de ampliação de consciência nosso ponto de partida para a análise a que nos propomos. No entanto, discussão prolífica não se pode dar, contemporaneamente, sem antes refletirmos sobre as ideias de integração, estabilidade e instabilidade social. Importa, pois, lembrar que a estável ancoragem no mundo social tem escapado às mãos do indivíduo presente, configurando, de acordo com Hall (2006), a desestabilização das velhas identidades.

Dessa maneira, em meio a uma provável crise cultural na qual toma vulto o descentramento do sujeito, diluem-se nossas identidades pessoais, "abalando a ideia que temos de nós próprios como sujeitos integrados" (HALL, 2006, p. 9). Assim, embora pareçamos cada vez mais integrados ao mundo por meio dos inúmeros dispositivos tecnológicos da contemporaneidade, convém refletir sobre o quanto o lugar da cultura transforma-se entre nós por meio de dois processos fundamentais: a revitalização das identidades e a revolução das tecnicidades (MARTÍN-BARBERO, 2006).

Apoiado nessa nova realidade, Barbero (2006) nos fala do surgimento de um meio educacional difuso e descentrado, em que a escola

---

[1] Professor italiano, Giuseppe Mininni atua na Universitá Degli Studi de Bari, Itália, onde se dedica ao ensino e à pesquisa nas áreas de Psicologia da Comunicação e Psicologia da Cultura.

não mais protagoniza com exclusividade a legitimação do saber, uma vez que há uma ampla gama de saberes que circulam por outros canais, descentralizados, difusos.

Esse novo mundo da comunicação, marcado pelos saberes-mosaico, propõe ao sistema educativo o desafio de trabalhar com a diversificação e a difusão que conduzem os jovens, não raro, a "um conhecimento mais atualizado em física ou geografia do que seu próprio professor" (MARTÍN-BARBERO, 2006, p. 57). Isso está acarretando uma posição defensiva, um fechamento em face dos novos saberes em ascensão e o erguimento de uma ideia negativa e moralista de tudo que questiona a escola em profundidade, a partir das tecnologias de comunicação e informação e do ecossistema comunicativo das mídias.

Diante de tal panorama, Citelli (2011) identifica como central o problema da formação para trabalhar com a comunicação nos ambientes educativos, uma vez que "os docentes continuam sendo o grande agente mediador dos nexos com os discentes", os quais, por sua vez, "estão marcados pela sociedade da informação e da comunicação" (p. 63). Explicitando a ponte entre a formação e seus sujeitos, discorre o autor sobre a questão do alheamento gerado quando se suprime a comunicação das estruturas curriculares da graduação e de suas respectivas licenciaturas:

> (...) isto, sob um certo ângulo, circunscreve e mesmo reduz o conceito de educação formal a um entendimento e a uma prática pouco coetâneos, conservando as estruturas curriculares distantes de uma série de temas e problemas propostos no interior do ecossistema comunicativo (CITELLI, 2011, p. 63).

Integrante desse ecossistema, o professor graduado, no exercício de sua função, e o licenciando, quase sempre também ator no sistema de ensino, deparam-se com questionamentos múltiplos vinculados aos constructos relativos ao ser-fazer docente. Uma das possíveis perguntas liga-se ao domínio das tecnologias: Seria suficiente uma formação "oficineira", destinada a suprir a carência dos docentes quanto ao emprego de recursos tecnológicos para operar no universo contemporâneo da comunicação, conforme pontua Soares (2011)?

Embora a indagação aplique-se especificamente aos aspectos formativos do professor-educomunicador, nova e promissora possibilidade de formação na Universidade de São Paulo (USP), a resposta estende-se, a nosso ver, a todos os âmbitos da formação para o magistério. Assim, novamente chamamos Citelli (2011) para refletir sobre em que campo, a partir da formação geral proporcionada pela universidade e do fenômeno centralidade/descentramento da figura docente veiculada no ecossistema comunicativo, transita o profissional da docência.

Constitui-se nosso objetivo, neste texto, recolher imagens do professor circulantes em textos da web, com vista a analisar em que medida essas representações relacionam-se com a formação docente, em termos sociais, pessoais e institucionais. Para tanto, de uma pré-seleção de 40 matérias, direcionamos um olhar mais apurado a 14 produções jornalísticas brasileiras,[2] veiculadas em 2010 e 2011 na rede. O critério para estabelecer o grau de confiabilidade do *corpus* repousou na vinculação dos sites pesquisados a veículos impressos tradicionais – jornais e revistas de respeitável circulação – e no renome de alguns espaços noticiosos virtuais, gerador de concordância pública no quesito seriedade das informações por eles oferecidas.

No *corpus* confirmamos a recorrência de uma desgastada imagem social do professor, razão pela qual preferimos, ao elaborar nosso texto, esboçar inicialmente um quadro representativo das imagens encontradas e sua vinculação com algumas das produções jornalísticas percorridas, sem, no entanto, determo-nos no aprofundamento analítico dessas mesmas representações, uma vez que os capítulos anteriores trabalham com essa vertente.

Assim, após situar o leitor em relação a quais imagens do professor nos servem de apoio, permitimo-nos uma trajetória analítica que pretende imbricar os dados do *corpus* e os dados de nosso lastro teórico no sentido de amarrar as produções jornalísticas, os autores utilizados e o conjunto da análise ao objetivo deste capítulo: analisar a relação entre as imagens do professor afloradas nos textos da web dos quais nos ocupamos e a formação para a docência.

Partimos, na sequência textual, da hipótese de que a ênfase em formação emancipatória na universidade, à luz das intermediações do ecossistema comunicativo, pode constituir um caminho de superação dos estigmas que rondam a figura docente. Importa, ainda, antes de prosseguirmos, frisar que os estigmas surgem, no *corpus* trabalhado, em proporção maior do que algumas imagens positivas, às quais também direcionamos o olhar, embora em menor escala, dada a predominância da primeira ocorrência.

---

[2] Listadas na Tabela 1, no final deste trabalho.

Produções jornalísticas da web e desgaste social do professor

Verificamos, nas 14 produções componentes de nossa amostra de pesquisa, a presença de termos que remetem à imagem de uma classe mergulhada na insegurança, sobretudo financeira, à qual, por sua vez, associam-se as ideias de subalternidade, desmotivação, obsolescência, desvio de função. Este último aspecto aparece de duas maneiras, remetendo ora à crítica do "sacerdócio", em que se sobreleva a questão financeira em nome do "servir pressupondo o desinteresse", ora ao recurso do trabalho alternativo como assunção de uma postura indicadora de absoluta necessidade econômica.

O esquema a seguir auxilia a compreensão das relações aqui delineadas sem, conforme esclarecido, a preocupação do aprofundamento analítico, em razão da trajetória intelectiva pretendida no texto.

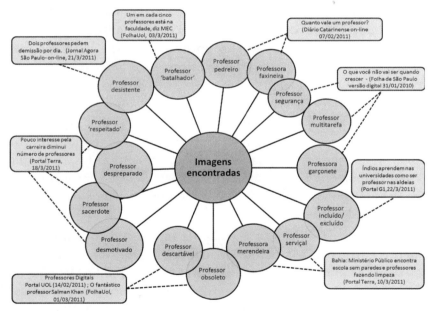

Figura 1 – Imagens docentes na web

As 16 imagens de professor relacionadas aos achados de nossa pesquisa, alocadas nos círculos radiais da ilustração, permitem notar a quase ausência de representações positivas em torno da figura docente. A ideia de desgaste sobrepõe-se, portanto, à de prestígio/valorização social.

Face aos objetivos do capítulo, passaremos agora à reflexão sobre os balizadores da análise e seus elos com o *corpus* examinado.

Ecossistema comunicativo e formação para a docência

Nos cursos de graduação, em linhas gerais, predomina um currículo cujo foco é a especialização, bem como permanece uma licenciatura voltada a promover competências para que o futuro professor ministre, com proficiência, "algumas disciplinas componentes da grade curricular" (CITELLI, 2011, p. 61). Ora, se a formação tem como norte tal diretriz, pode incorrer na ideia de ensinar algo que sirva como ganha-pão apenas. Deixa, portanto, de lado as possibilidades emancipatórias do professor, situadas também na esfera exterior ao exercício profissional. Aclara tal raciocínio a seguinte assertiva: "Toda educação que acena com um cargo público ou com um ganha-pão (...) não educa para a formação, assim como nós a entendemos, mas é apenas uma instrução de que maneira o sujeito possa se salvar e se proteger em sua luta pela existência" (NIETZSCHE apud BOLLE, 1997, p. 13).

Adorno (2003) e Rancière (2010) preconizam, sob óticas distintas, o papel medular da emancipação no processo formativo de qualquer indivíduo. Bolle (1997, p. 17), por seu turno, analisando o conceito da *Bildung* alemã, "autoformação e atuação viva", não obtida apenas por meio da educação tradicional, "mas algo que exige independência, liberdade, autonomia e se efetua como um autodesenvolver-se", reforça nosso entendimento do que venha a ser educação emancipadora.

Quando pensamos que a formação emancipatória do professor poderia contribuir para o abandono do corolário da estigmatização verificado em nosso *corpus*, somos conduzidos às reflexões de Jesus (2000). Segundo o autor, a formação do professor passa por dois grandes modelos, um relacional e outro normativo. O modelo normativo intenta a formação centrada em competências comportamentais ou no domínio de métodos didático-pedagógicos tomados como típicos de um ensino eficaz. O modelo relacional, por sua vez, frisa que inexiste um perfil de *bom professor* o qual se deva procurar, por meio da formação, implementar em todos os professores, devendo antes tal formação centrar-se "no desenvolvimento do autoconhecimento, da autoconfiança, da motivação e de atitudes adequadas em relação à prática pedagógica" (JESUS, 2000, p. 16).

Claro está que o modelo relacional converge para uma construção de saberes mais próxima da emancipação. No entanto, durante a busca por uma formação condizente, os questionamentos engendrados por meio do acesso aos recentes e difusos conhecimentos põem em xeque não apenas os saberes, mas a figura do professor. Parece esgotar-se a centralidade docente tal qual como a conhecíamos, para, em seu lugar, emergir uma nova demanda, calcada em um novo perfil de sujeito, desejável pela sociedade, pelo mercado, pelos alunos: um profissional multifacetado que assuma com propriedade sua função mediadora. E esse profissional não assumiria, pois, uma nova centralidade, a despeito de a lógica do mercado revelar a tendência a um movimento contrário, ao consolidar a reificação do professor em suas representações?

Urge indagar em que medida nossos docentes têm percebido e lidado com essa reificação e consequente desestabilização de sua identidade no mundo do trabalho, corroborada tanto pelas notícias recentes quanto pelos textos acadêmicos. Talvez a premência em reencontrar chão firme sobre o qual caminhar imponha enxergar seu ofício para além do estreitamento de horizontes financeiros, imagem recorrente associada aos professores nos textos digitais por nós pesquisados.

Estendendo um pouco mais o enfoque, cumpre observar que cotizar tal recorrência com as preferências dos jovens quanto à escolha de uma carreira definitivamente exclui a docência como primeira opção. Em estudo acerca da educação alemã, Adorno (2003) discorre sobre a aversão[3] ao ofício de professor, buscando tornar visíveis algumas dimensões basilares relacionadas com o magistério e sua problemática nos anos 1960. Aspectos de sua análise remetem a um fato familiar aos brasileiros de hoje: o de que "os jovens universitários (...) sentem seu futuro como professores uma imposição, a que se curvam apenas por falta de alternativas" (ADORNO, 2003, p. 97).

A tendência verificada por Adorno na década de 1960 tem encontrado eco permanente no Brasil, vivificada, entre outras fontes, em pesquisa idealizada pela Fundação Victor Civita (FVC, 2009) – realizada pela Fundação Carlos Chagas, acerca da atratividade da carreira docente. Jovens concluintes do ensino médio em escolas públicas e privadas, ao serem questionados sobre a opinião da família e dos amigos caso

---

[3] Embora tal palavra soe, talvez, um pouco "forte" aos nossos ouvidos, optamos por mantê-la, pois é o termo original empregado pelo filósofo na obra por nós consultada (*Educação e emancipação*, cujas referências figuram no final deste capítulo).

optassem por uma carreira que envolvesse o magistério, frisaram os aspectos de (des)ordem financeira relacionados à docência.

Além das ideias cristalizadas entre os alunos no que tange à desvalorização da profissão e às dificuldades do trabalho docente – vivenciadas *in loco* pelos sujeitos da referida pesquisa –, salta aos olhos a transcrição do presumível discurso de seus pais, caso decidissem tornar--se professores:

> "... meu pai... acho que ia falar assim para mim: '*Para, pensa um pouco, e a vontade passa*'"; "Meu pai ia detestar, ia ter um surto. Talvez a minha mãe me apoiasse, mas não ia gostar disso"; "... na minha casa não seria muito bem-aceito, assim, tem um preconceito: '*Ah, eu quero uma coisa melhor pra você, tem que ter uma renda boa, escolher uma profissão que tenha um salário bom*', essas coisas" (FVC, 2009).

De posse daquilo que podemos denominar pensamento coletivo sobre o ofício de professor, passemos à constatação de que ano a ano reduz-se o número de estudantes que buscam a carreira do magistério. A revista brasileira *Carta na Escola*, na reportagem intitulada "Os obstáculos para ser professor" (17/03/2011), registra: nos últimos anos, reduziu-se a procura por carreiras ligadas ao magistério, como Pedagogia, Licenciatura em Letras, Licenciatura em Matemática. Entre os anos de 2001 e 2006, o número de matrículas em Pedagogia no Brasil aumentou apenas 27%, contra um aumento de 97% na oferta de cursos; na Fuvest, o número de inscritos para essa carreira caiu de 3.310 em 2006 para 1.380 na edição 2009 do vestibular. Os dados de hoje confirmam essa tendência redutiva: 995 inscritos no vestibular 2011 (FUVEST, 2011). Na mesma reportagem, fala-se da importância decrescente conferida aos cursos de licenciatura nas universidades.

Ademais, emerge em nossa pesquisa um dado cuja observação torna-se relevante: os alunos que ingressam nos cursos de pedagogia são, em geral, aqueles com baixo desempenho no vestibular ou no Enem (Exame Nacional do Ensino Médio), e têm um perfil específico, marcado pelas dificuldades socioeconômicas e pais com pouca escolaridade (de acordo com "Magistério tem dificuldade em atrair talentos para a carreira", *Folha de S. Paulo*, versão digital, 15/10/2010). Tais informações permitem-nos refletir sobre duas vertentes: a despeito da imagem social desgastada, o ofício de professor tem-se transformado em tábua de salvação para muitos jovens oriundos de famílias menos abastadas. Destacou-se no levantamento da Fundação Victor Civita

(2009) a distinção feita por um grupo de alunos de escolas particulares em relação aos colegas de escola pública quanto ao quesito escolha de carreira, traduzida aqui nos resultados da pesquisa:

> (...) se para as famílias de alunos de escola particular há rejeição em relação à ideia de o filho ser pedagogo e, se quando há apoio da família, esse sempre vem acompanhado de um alerta acerca das dificuldades que irá enfrentar, para as famílias de alunos da escola pública (...) não haveria esse sentimento. O baixo poder aquisitivo e o baixo capital intelectual dessas famílias seriam os responsáveis pela aceitação e até mesmo pelo desejo dos pais de que seus filhos se tornassem professores como forma de ascensão social (FVC, 2009).

Surge agora um fator crucial cuja discussão interessa-nos. A construção e a elevação do capital intelectual de um professor passam, conforme o texto "Bônus não atrai bons profissionais para a educação" (28/03/2011, *Jornal Último Segundo* – IG), por aspectos que englobam sua estrutura familiar, sua renda per capita, a qualidade do gasto do orçamento, a escolarização dos pais, o contato com livros e periódicos, a valorização dada por seu grupo à educação, a sensação de pertencimento a esse mesmo grupo, a qualidade de suas atividades de lazer, suas viagens, entre outras questões.

Os melhores educadores seriam, então, a princípio, de acordo com o jornalista Mateus Prado,[4] autor da matéria em foco, aqueles com condições socioeconômicas mais favoráveis. Cabe destacar sua crítica subsequente, que auxilia no destaque a uma faceta mais animadora em relação à insistente "imagem carcomida" da docência à qual nos remete a maior parte das produções do *corpus* analisado: Prado alerta-nos que a construção e a elevação do capital intelectual de um professor constituem-se não apenas "uma questão de renda familiar, mas também de vivência cultural".

Desponta aqui, pois, o papel da formação – inicial e continuada – dos profissionais da docência. Recebendo estes, em média, 60% a menos que outro profissional com o mesmo tempo de estudo (segundo a reportagem focada), torna-se desejável – diríamos imprescindível – o investimento permanente de governos na oferta de bens culturais de livre acesso, cursos de capacitação, tanto quanto no fomento de programas

---

[4] Mateus Prado, autor de livros didáticos e especialista em Enem, cursou Sociologia e Políticas Públicas na USP. É colunista do *IG Educação*, *Diário do Grande ABC* e outros jornais e revistas. É também presidente de honra do Instituto Henfil (ONG voltada ao desenvolvimento de políticas na área de educação e cultura).

que reequilibrem as contas dos professores para que possam manter-se motivados para a formação permanente. Ainda de acordo com a produção em análise, ("Bônus não atrai bons profissionais para a educação", 28/03/2011), "o professor se capacita quando participa de cursos e encontros, quando lê, quando assiste a vídeos, quando navega pela internet", bem como "quando cria, quando viaja, quando conversa, quando reflete sobre essas atividades" – posicionamento cuja aceitação parece-nos unânime.

Vislumbramos então o papel vital da universidade para elevar a qualidade da vivência cultural daqueles que frequentam suas licenciaturas e outros cursos voltados ao magistério. Uma universidade sensível aos desdobramentos das estatísticas socioeconômicas vinculadas aos seus docentes em formação liga-se à superação urgente da condição estigmatizada, mistificada – quiçá mitificada – na qual se encontram hoje jovens professores em formação e profissionais em exercício na área do magistério.

Investir nessa superação enseja análise crítica do que a sociedade espera do professor, do que o professor espera de si mesmo e de como a universidade tem trabalhado no sentido de contribuir para a desmistificação da condição docente. Para tanto, um mergulho nas situações cotidianas nas quais se envolve o ensinante torna-se um ponto de partida e uma possibilidade de percurso para a tentativa de auscultar o que vai além dos clichês sugeridos/discutidos nos textos jornalísticos de nossa amostra. Nossa busca, pois, gira também em torno da compreensão do momento presente no encalço de encaminhamentos socioeducacionais passíveis de manutenção e/ou ruptura.

Um indício prenunciador de uma necessária discussão sobre ruptura aparece na matéria "Quem quer brincar de Escolinha?" (*Folha de S. Paulo*, versão digital, 30/11/2010), na qual Rosely Sayão menciona a necessidade de que a escola reconstrua sua imagem social, a fim de atualizar sua função, pois, segundo ela, não há mais uma imagem social comum de escola. Tal reconstrução, no entanto, implica dois aspectos salutares: primeiro, pensar a instituição à luz das novas tecnologias, mormente as de comunicação, as quais, conforme Fígaro (2010) "clamam pelo protagonismo da ação humana que, na escola, deveria ser direcionada para objetivos que extrapolam, e muito, os interesses mercantis" (FÍGARO, 2010, p. 11).

Em segundo lugar, mas não menos importante: uma vez que o professor é – ou deveria ser– um dos elos mais sólidos entre o aluno e a escola,

150 • Sandra Pereira Falcão

convém perscrutar a imagem que dele se constrói, intencionalmente ou não, no meio sociocomunicacional, tarefa à qual temos aplicado nossos esforços. Dessa maneira, cremos, antes mesmo de reconstruir a imagem da escola no plano totalizante, convém desconstruir – no sentido construtivo – o discurso da mídia em torno do profissional que protagoniza grande parte dos eventos que nesse espaço ocorrem. Importa conhecer melhor em que medida o professor é valorado no âmbito político, social, educacional, pessoal, para refletir sobre como se encontra a docência diante da necessidade de contribuir para uma nova conformação de escola, amiúde proposta pelos teóricos.

Em dois dos artigos da amostra verificada, intitulados "Professores digitais" (14/02/2011) e "O fantástico professor Salman Khan" (01/03/2011), o jornalista Gilberto Dimenstein detém o olhar sobre a possibilidade, aventada por Bill Gates, de substituir os professores convencionais por aulas acompanhadas de exercícios, gravadas com recursos multimeios por professores renomados e distribuídas para todos. Gates menciona, conforme o articulista – e esta é uma informação constante de ambos os artigos – ser preferível uma aula desse tipo a ter de se haver com a mediocridade docente. À guisa de provocação, o multimilionário gênio da informática elogia o trabalho do professor Salman Khan, um ex-aluno do Massachusetts Institute of Technology e de Harvard, o qual propõe um ensino assentado nessas bases. Embora Dimenstein conclua o segundo artigo com a frase: "O fato, porém, é que não se inventou nada melhor do que um bom professor que resolva dúvidas e provoque mais dúvidas", ambas as produções convergem para a percepção da desestabilização da identidade docente, em âmbito global. As imagens de "professor, produto descartável" e de "professor, profissional em obsolescência", às quais remetem ambas as produções, evidenciam-se como parte de um discurso sobre educação recorrente na mídia hegemônica – e criticado, não sem razão, por prestar-se, sem pejo, aos interesses de determinados grupos detentores de capital financeiro.[5]

Além disso, ao discorrer sobre fatos que reforçam uma tendência de desestabilização identitária do profissional da docência, Dimenstein

---

[5] A esse respeito, ver: FRIGOTTO, Gaudêncio. Os delírios da razão: crise do capital e metamorfose no campo educacional. In: GENTILI, Pablo (org.). *Pedagogia da exclusão: crítica ao neoliberalismo em educação*. Petrópolis, Vozes, 1995; LAVAL, Christian. *A escola não é uma empresa: o neoliberalismo em ataque ao ensino público*. Trad. Maria Luiza M. de Carvalho e Silva. Londrina: Planta, 2004. Disponível em: <http://redalyc.uaemex.mx/pdf/715/71570109.pdf>.

nos pode fazer acreditar, se a isso aplicarmos uma reflexão menos profunda, que o caminho da obsolescência docente é o mais provável na atualidade. Uma ideia da qual nos permitimos distanciar, tendo em vista que a mesma *Folha de S. Paulo*, na reportagem "Um em cada cinco professores está na faculdade, diz MEC" (*Folha de S. Paulo*, versão digital, 03/03/2011), aponta um dado positivo em favor da formação para a docência. O texto ilustra o movimento de busca por outro patamar da condição docente que hoje não pode ser desvinculado dos profissionais brasileiros e, ao mesmo tempo, deixa entrever uma imagem positiva associada à docência: a do professor "batalhador" (no jargão popular), ou seja, a representação daquele que não se dá por vencido, malgrado certas circunstâncias o empurrem nessa direção.

Ressurge o fantasma, porém, mais adiante, na mesma notícia: "Há ainda cerca de 20 mil professores que parecem estar em busca de outra profissão: eles estudam áreas como Direito e Administração". Ora, a migração para outras carreiras ou a concomitância da docência com outra ocupação "mais rentável" tem-se mostrado fenômeno estreitamente associado ao professor brasileiro. O *Diário Catarinense*, na matéria "Quanto vale um professor?" (07/02/2011), registra uma face sombria dessa migração/concomitância:

> Márcio Anísio Silveira, 45 anos, é professor de história e geografia da rede estadual, pós-graduado na área e pedreiro nas férias. O serviço no recesso escolar é para complementar a renda de educador. Ele é pai de quatro filhos e com o salário que recebe do Estado não consegue sustentar a família.

A Secretaria de Educação de Santa Catarina (conforme matéria intitulada "Estado garante que paga o Piso Nacional", de 07/02/2011, publicada no *Diário Catarinense*) assegura que paga o piso aos docentes, mas pouco mais de R$ 600, ainda que acrescidos do valor referente à regência de classe e ao prêmio Educar (no valor de R$ 200 à época da publicação), não garantem aos professores sustento mínimo. Assim, torna-se verdadeiramente vexatório para a nação o depoimento da professora Rosane Souza, coordenadora do movimento sindical da grande Florianópolis: "Eu já precisei trabalhar como faxineira e não tenho vergonha de falar isso, porque foi com esse trabalho que coloquei comida na mesa" (*Diário Catarinense*, 07/02/2011). Cabe aqui acrescentar o artigo "O que você não vai ser quando crescer" (*Folha Digital*, 31/01/2010), no qual Dimenstein apresentou-nos uma figura cuja identidade nos surpreende:

> Quem se deparar com Mário Gatica, óculos escuros, terno preto, musculoso, lutador de artes marciais, cuidando da segurança de uma casa noturna da rua Augusta, jamais poderia imaginá-lo professor de filosofia de escola pública.

Gatica, conforme Dimenstein, afirma que gostaria de apenas lecionar, mesmo às vezes se sentindo mais vulnerável no interior da escola do que evitando brigas ou assaltos na madrugada. No entanto, muitas gorjetas superam o que ele recebe por hora em sala de aula – e há colegas professoras pedindo um bico de garçonete, segundo o rapaz, em depoimento ao jornalista responsável pela produção textual em exame. Até aqui, observamos a tessitura de uma imagem docente vinculada à de alguém que oscila entre o gosto pela profissão e o apelo financeiro que o impele a distanciar-se dela.

Situação ainda mais precária do que a do professor Gatica verifica-se na cidade baiana de Nilo Pessoa, cujas escolas foram alvo de investigação por parte dos representantes do Ministério Público, segundo o portal de notícias Terra.[6] Ali, "os professores precisam dar aulas, limpar as salas e preparar a merenda" (excerto de Bahia: Ministério Público encontra escola sem paredes e professores fazendo limpeza, 10/03/2011).[7] Não se quer dizer aqui que seja aviltante lidar com afazeres para os quais não seja imprescindível formação acadêmica, mas sim que é aviltante submeter os professores a uma multiplicidade de tarefas que engessa o fortalecimento do saber-fazer docente, que lhes toma tempo o qual poderia ser gasto em preparação de aulas, aperfeiçoamento profissional ou, simplesmente, lazer, ócio criativo – entre outras atividades contributivas de um permanente processo emancipatório. Vislumbramos, na notícia em foco, a imagem de um indivíduo que acumula funções, desviado de sua atribuição essencial, com a agravante de que tal desvio compõe imagens anteriormente visualizadas: aquelas relativas à condição economicamente desprivilegiada da docência em território tupiniquim.

---

[6] O Portal Terra é o 9º site mais acessado do ranking dos 100 sites mais visitados do país, segundo medições constantes no Google, contando com 11 milhões de acessos na mais recente medição (2011). No *ranking* da Alexa (companhia dedicada a informações da web), figura como o 11º mais visitado do Brasil. Vale lembrar que tais *rankings* têm altíssima mobilidade, e, portanto, as posições assinaladas referem-se ao período de coleta de dados da presente pesquisa (última consulta efetivada em 30/11/2011).

[7] O título original dessa produção contém abreviações: BA: MP encontra escola sem paredes e professores fazendo limpeza, é o que se lia no Portal Terra à época da consulta. Para maior clareza, aqui optamos pela inserção por extenso dos termos abreviados.

Se, por um lado, debruçando-nos sobre as interfaces sugeridas pelo conteúdo jornalístico, observamos, há pouco,[8] um movimento de autovalorização de uma parcela dos professores – refletido na sua busca por caminhos mais promissores dentro da própria profissão; por outro, carecemos indagar quantos perfazem a estatística do docente desassistido que sequer pode arcar com as despesas de um curso de aperfeiçoamento, no caso de este não lhe ser gratuitamente oferecido pela esfera pública. A extensão desse tipo de oferta, frisemos, nem sempre vem acompanhada por uma bolsa de estudos ou uma suficiente ajuda de custo, como se pode depreender do que segue: na reportagem "Índios aprendem nas universidades como ser professor nas aldeias" (22/3/2011, Portal G1), o cacique da aldeia Kuriy (Santa Catarina), frequentando um dos cursos de graduação voltados à formação de docentes indígenas, aponta como uma de suas dificuldades para prosseguir o curso a limitada ajuda de custo para o deslocamento até o local das aulas: R$ 25 para cada um dos quatro membros da tribo matriculados. "É pouco. Aqui não tem condução. Meu irmão teve que nos levar e buscar. Ida e volta custa R$ 60", afirma. Dispunham de hospedagem e alimentação, mas, de acordo com Benites, não tinham água. "Tivemos que comprar e é caro". Daniel de Oliveira, professor da etnia Kaingang (Rio Grande do Sul), reclama do valor recebido para passar duas semanas em Florianópolis: "Tive ajuda de R$ 150, mas tive bastante gasto para vir até aqui. Tive que abrir mão de algumas coisas, como material. Tive que pegar algumas coisas emprestadas".

Os discursos do cacique Kuriy e do jovem professor Kaingang remetem a uma imagem de "exclusão travestida de inclusão". Permitem, do mesmo modo, estabelecer ponte com Luckesi et alii (1990), quando, em reflexão sobre a pesquisa na universidade, reforçam a necessidade de que esta não seja "alheia à realidade onde está plantada" (p. 39). Importa, para os autores, que a universidade produza conhecimento "a partir de uma realidade vivida e não de critérios estereotipados e pré- -definidos por situações culturais distantes e alheias às que temos aqui e agora" (LUCKESI et al., 1990, p. 43). Nesse sentido, vale lembrar o quanto poderão ser úteis os dados da pesquisa iniciada neste ano pelo Inep[9] (2011), cuja tônica é mapear a situação de docentes que ingressaram

---

[8] Na matéria "Um em cada cinco professores está na faculdade, diz MEC" (*Folha de S. Paulo*, versão digital, 03/03/2011), já citada.

[9] Instituto Nacional de Pesquisas Educacionais Anísio Teixeira.

recentemente no mercado, solicitando-lhes, inclusive, sugestões para a melhoria do curso pesquisado.

A iniciativa pode contribuir para aprimorar a sempre bem-vinda interferência da universidade no sentido dúplice que aqui nos interessa: a) integrar um esforço coletivo urgente para (re)construção de uma imagem do professor brasileiro capaz de distanciá-lo dos repisados estereótipos presentes nos meios de comunicação e b) construir "conhecimento como compreensão do mundo e como fundamentação da ação", para empregar os termos de Luckesi et alii (1990). Integra tal proposta despertar nos elaboradores das políticas públicas ideias prolíficas, passíveis de ensejar medidas que apoiem cada vez mais jovens em licenciatura e professores já formados, os quais buscam seus bancos para a construção/ reconstrução do ser-docente.

Ainda na esteira dessa reelaboração de saberes, cumpre-nos não sobrevalorizar – conquanto sua presença seja marcante em nosso *corpus* – os critérios estereotipados com os quais se classificam os professores brasileiros na imprensa – tão próximos dos tabus adornianos[10] –, pois é mister insistir no como lidar com eles no sentido de sua superação. Assim, cabe pensar em que medida a universidade pode ampliar ainda mais a reflexão crítica geradora da releitura da "profissão professor", com vista à formação para a mediação e para a superação dos lugares--comuns que circundam a docência *in terra brasilis*.

Se o professor mediador de Freire (1969, 2007) alça-se, nos meios acadêmicos, ao primeiro plano na cadeia vertical das imagens relativas ao fazer docente, pode-se pensar que basta à universidade priorizar em seus cursos de formação os conteúdos indispensáveis a tal construção. No entanto, Chauí (1999), analisando o que denomina transição da universidade funcional para a universidade operacional, lança luz sobre um aspecto deveras relevante.

Por volta do final dos anos 1990, deparou-se a instituição acadêmica com óbices oriundos de uma pressão para a formação rápida de profissionais requisitados como mão de obra altamente qualificada para o mercado de trabalho (universidade funcional) e, a seguir, a proposta de separação entre docência e pesquisa (parte da operacionalização imposta

---

[10] Em que pesem as observações de Adorno a respeito da confirmação do estigma de pobreza vivido pelos docentes desde tempos idos, o pensador chama-nos a atenção para o cuidado a ter com a sedimentação coletiva de representações que perderam a base real: os tabus, os quais, entretanto, permanecem "como preconceitos psicológicos e sociais, que por sua vez retroagem sobre a realidade convertendo-se em forças reais" (ADORNO, 2003, p. 98).

à universidade), entendida a primeira como transmissão rápida de conhecimentos. Nesse quadro, a autora alerta sobre o equívoco de pensar a graduação "como habilitação rápida para graduados, que precisam entrar rapidamente num mercado de trabalho do qual serão expulsos em poucos anos" (Chauí, 1999, p. 3).

Entre os motivos que integram o rol de fatores em função dos quais docentes são expulsos, "expulsam-se" da docência e/ou passam a engrossar as fileiras dos subempregados, podemos arrolar a observação da filósofa de que transmissão e adestramento levam ao desaparecimento da *formação*, esta, sem sombra de dúvidas, a marca essencial da docência. O desaparecimento dessa marca, em associação com a falta de perspectivas, os baixos salários, a violência, a indisciplina dos alunos e outros entraves de fácil percepção coletiva, pode contribuir para a reincidência do que presenciamos neste início de ano em São Paulo, conforme reportagem do jornal *AgoraSP*: "Professores recém-concursados desistem de ensinar na rede estadual de São Paulo" (21/03/2011). Na referida matéria afirma-se: "Até a última sexta-feira (18/03), 60 professores já haviam finalizado o processo de exoneração, a pedido – média de mais de dois por dia letivo". Tal fato enseja a percepção da imagem de alguém que, desmotivado, desestimulado pelas condições de trabalho, dele desiste, configurando, mesmo sem desejar, mais uma imagem pouco animadora, nem sempre real e amplamente replicada na mídia: a do professor "que não dá conta do recado".

Entre os alegados motivos da desistência, no caso reportado pelo *AgoraSP*, um tem relação direta com a formação: além de condições precárias da rede, "a formação nas universidades não é satisfatória, pois elas trabalham com uma escola irreal, de alunos quietinhos", afirma Maria Izabel Noronha, presidente da Apeoesp (Sindicato dos Professores do Ensino Oficial do Estado de São Paulo). Gilson Lopes da Silva, docente de química, expressa opinião afim: "A realidade da escola é diferente da mostrada no curso" [preparatório pelo qual passam os concursados futuros integrantes da rede estadual de ensino em São Paulo]. Embora não seja prudente estender tal análise a todas as universidades nacionais, parece razoável pensar que essa variável pode ocorrer, como sugere Noronha, em um número significativo de estabelecimentos de ensino superior.

Um ângulo adjacente desponta: a redução do número de docentes verificada pelo Inep no Brasil, entre os anos de 2007 e 2009, é da ordem de 522.576 indivíduos. Em notícia veiculada pelo portal Terra, Roseli

Souza, assessora pedagógica de uma editora brasileira de grande porte, vê a desmotivação como causa matricial dessa ocorrência, afirmando que "o próprio aluno já não consegue se reconhecer nesse professor quando o vê desestimulado". Em "Pouco interesse pela carreira diminui número de professores" (18/03/2011), Souza pontua que, não obstante seja lento o processo, convém uma melhor profissionalização, um código de ética e também a desmistificação da figura do professor. Selecionamos um excerto significativo de sua fala, o qual nos permite enxergar e questionar a imagem de um professor cujos "ossos do ofício" são aceitos por um valor menor do que o percebido por profissionais outros, com o mesmo nível de formação:

> As pessoas acham que o magistério é um sacerdócio, como se ganhar pouco fizesse parte da escolha de ser professor. Se um professor *cobrar* por hora o que se cobra numa consulta médica, por exemplo, achariam um absurdo [sic]. Mas as duas profissões exigem formação constante ("Pouco interesse pela carreira diminui número de professores", Portal Terra, 18/03/2011).

Salvaguardadas as distâncias entre formação ideal, formação oferecida e formação resultante, permitimo-nos conferir importância a um movimento crescente dos professores brasileiros rumo a uma formação que lhes permita o não abandono da docência, mesmo diante da lentidão na quebra dos tabus laborais. Ou seja, a ruptura dos estigmas parece estar em curso, seja motivada pela ascensão econômica oriunda de microestímulos públicos e privados à docência, seja por resposta a pressões sobre os docentes irradiadas de diversos pontos do tecido social, seja pela possível ampliação de sua consciência emancipatória.

Considerações finais

Brandão (2002) antevia um tempo em que o trabalho docente, a formação de educadores, a identidade do educador, entre outros temas assemelhados, seriam tratados por equipes abertamente dialógicas e múltiplas, no esforço de construir "os elos e os eixos de uma educação des-centrada dos circuitos de si-mesma e re-centrada nos circuitos interligados e estendidos à vida, à pessoa, à cultura e à sociedade" (p. 154).

Tais circuitos, que aqui denominaremos emancipadores, interconectam-se pelos meios de comunicação e no interior de cada um deles, gerando uma miríade de possibilidades de apropriação e criando representações, entre as quais a da figura docente – hoje alvo de estereotipias, algumas delas objeto de análise ao longo deste capítulo.

Para romper esse esquema estereotípico aparentemente solidificado, havemos de observar que a ação dos circuitos emancipadores sobre o mundo do professor depende de como se dá a ação docente em um meio educador permeado pelas múltiplas formas de recepção/ interação. Assim, constitui-se esse agir um desafio à educação em face da realidade tangível, pois se dá também – quando não principalmente – fora dos muros da escola, pelas mídias, o que foi preconizado por Walter Benjamim, antecipando o que McLuhan disse mais tarde, diante da sociedade influenciada pela eletrônica, "a sala de aula sem paredes" (McLUHAN, 1990).

Do ponto de vista adotado, acreditamos que as representações docentes recolhidas da web – expressões da sala de McLuhan tanto quanto aquelas desveladas por nossos colegas nos capítulos anteriores – constituam-se um caminho adicional de reflexão rumo ao fortalecimento de dois movimentos vitais, em nossa ótica.

O primeiro diz respeito à contribuição dos estudos educomunicativos para os docentes brasileiros, no que tange à superação de um eventual olhar viciado – depreciativo – sobre si próprios, possivelmente oriundo não só das dificuldades atuais no campo profissional, mas também das imagens negativas propaladas pelos *media*. Tal olhar, talvez preponderante em razão da criação do efeito de real[11] operada em alguns meios, implica óbice que pode impedi-los de captar, no fluxo comunicacional contemporâneo, luzes entrando gradualmente pela fresta. Enxergamos essas luzes como a "contraimagem" do ensinante, representada pelas visões positivas da atividade docente. Portanto, a "contraimagem" de que falamos de "contra" nada tem, pois, seguindo-lhe a pista, o professor poderá, quem sabe, reeditar as páginas que ora ajudamos a redigir – amparado, naturalmente, pela segunda dinâmica basilar, relacionada à questão formativa.

Esse segundo movimento pressupõe o imperativo de que a universidade, trabalhando nas e com as interfaces do ecossistema comunicativo, amplie o olhar daqueles que buscam formação para a docência, tornando-os capazes, cada vez mais, de integrar-se a uma "sala de aula sem paredes".

---

[11] Conforme a noção proposta por Roland Barthes, em obra listada nas referências bibliográficas deste livro.

Considerando essa perspectiva, poderemos, quiçá, alegrar-nos com uma universidade que se ocupe de uma formação orientada no sentido de alargar o entendimento e a apropriação dos circuitos emancipadores no universo sociocomunicativo contemporâneo e, assim, conduzir o professor ao alcance de uma imagem docente menos marcada por lugares-comuns e estigmas do que a maior parte das representações sobre as quais nos inclinamos para construir o presente estudo.

Tabela 1: Reportagens referidas neste artigo

Título/Data de publicação/ Autoria-Editoria	Vínculo com veículo noticioso tradicional	Endereço na WEB
"Os obstáculos para ser professor" (17/3/2011) – Ricardo Carvalho	Revista *Carta Capital*	<http://www. cartacapital.com.br/ carta-na-escola/os-obstaculos-para-ser-professor>. Acesso em: 28/3/2011, às 23h06
"Quem quer brincar de escolinha?" (30/11/2010) – Rosely Sayão	*Folha de S. Paulo*	<http://www1.folha.uol. com.br/fsp/equilibrio/ eq3011201008.htm>. Acesso em: 1/4/2011, às 11h32
"Um em cada cinco professores está na faculdade, diz MEC" (3/3/2011) – Angela Pinho	*Folha de S. Paulo*	<http://www1.folha.uol. com.br/saber/883753-um-em-cada-cinco-professores-esta-na-faculdade-diz-mec. shtml>. Acesso em: 1/4/2011, às 11h39

"Magistério tem dificuldade em atrair talentos para a carreira" (15/10/2010) – Editorial	*Folha de São Paulo*	<http://www1.folha.uol. com.br/saber/814996- magisterio-tem- dificuldade-de-atrair- jovens-talentos-para-a- carreira.shtml>. Acesso em 1/4/2011, às 11h52
"Índios aprendem nas universidades como ser professor nas aldeias" (22/3/2011) – Fernanda Nogueira	Jornal *O Globo*/ Portal G1	<http://g1.globo.com/ vestibular-e-educacao/ noticia/2011/03/ indios-aprendem-nas- universidades-como-ser- professor-nas-aldeias. html>
"Bahia: Ministério Público encontra escola sem paredes e professores fazendo limpeza" (10/3/2011) – Editorial	Portal Terra	<http://noticias.terra. com.br/educacao/ noticias/0,,OI4983123- EI8266,00-BA+MP+enc ontra+escola+sem+pared es+e+professores+fazend o+limpeza.html>. Acesso em: 21/4/2011, às 20h50
"O que você não vai ser quando crescer" (31/01/2010) – Gilberto Dimenstein	*Folha de S. Paulo*	<http://catracalivre.folha.uol. com.br/2010/01/o-que-voce- nao-vai-ser-quando-crescer. Acesso em: 1/4/2011, às 21h37>
"Quanto vale um professor?" (7/02/2011) – Júlia Antunes Lorenço	*Diário Catarinense*	http://ibdin.com.br/index. php/destaques/quanto-vale- um-professor. Acesso em: 1/4/2011, às 10h30
"Estado garante que paga o piso nacional" (7/02/2011). Júlia Antunes Lorenço	*Diário Catarinense*	<http://ibdin.com.br/index. php/destaques/quanto-vale- um-professor>. Acesso em: 1/4/2011, às 10h35min

"Professores digitais" (14/2/2011) – Gilberto Dimenstein	*Folha de S. Paulo*/ Portal Uol	<http://aprendiz. uol.com.br/content/ dolumerest.mmp>. Acesso em: 1/4/2011, às 22h40
"O fantástico professor Salman Khan" (1/3/2011) – Gilberto Dimenstein	*Folha de S. Paulo*	http://www1.folha. uol.com.br/colunas/ gilbertodimenstein/ 882627-o-fantastico-professor-salman-khan. shtml. Acesso em: 1/4/2011, às 22h54
"Pouco interesse pela carreira diminui número de professores" (18/3/2011) – Editorial	Portal Terra	<http://noticias.terra. com.br/educacao/ noticias/0,,OI4999150-EI8266,00-Pouco+inter esse+pela+carreira+dim inui+numero+de+profes sores.html>. Acesso em: 3/4/2011, às 14h13
"Dois professores pedem demissão por dia" (21/3/2011) – Caderno Trabalho	Jornal *Agora São Paulo* (Grupo Folha)	<http://www.agora. uol.com.br/trabalho/ ult10106u891547. shtml>. Acesso em: 1/4/2011, às 23h01
"Bônus não atrai bons profissionais para a educação" (28/03/2011) – Mateus Prado	Jornal *Último Segundo* – IG (apenas versão virtual)	<http://ultimosegundo. ig.com.br/colunistas/ mateusprado/bonus+na o+atrai+bons+profissio nais+para+a+educacao/ c1300008713317.html>. Acesso em: 4/4/2011, às 8h45

Referências bibliográficas

ADORNO, Theodor Ludwig Wiesengrund. *Educação e emancipação*. 3. ed. São Paulo: Paz e Terra, 2003.

BARTHES, Roland. Da história ao real. In: *O rumor da língua*. São Paulo: Brasiliense, 1988.

BOLLE, Willi. A ideia de formação na modernidade. In: GHIRALDELLI JR., Paulo (org.). *Infância, escola e modernidade*. São Paulo/Curitiba: Cortez/Editora UFPR, 1997.

BRANDÃO, Carlos Rodrigues. *A educação como cultura*. Campinas: Mercado de Letras, 2002.

CHAUÍ, Marilena. A universidade operacional. *Folha de S. Paulo*, São Paulo, 9 maio 1999, p. 3, caderno Mais!

CITELLI, Adilson Odair. Comunicação e educação: implicações contemporâneas. CITELLI, A. O. CASTILHO, M. C. C. (orgs.) In: *Educomunicação: construindo uma nova área de conhecimento*. São Paulo: Paulinas, 2011.

FÍGARO, Roseli. Comunicação/Educação: campo de ressignificação das tecnologias de comunicação. *Revista Comunicação & Educação*, São Paulo, ano XV, n. 3, p. 11, set./dez. 2010.

FREIRE, Paulo. *Extensão ou comunicação*. Rio de Janeiro: Paz e Terra, 1970.

_____. *Pedagogia da autonomia*. 35. ed. São Paulo: Paz e Terra, 2007.

FUVEST. Fundação Universitária para o Vestibular. Disponível em: <http://www.fuvest.br>.

FVC. Fundação Victor Civita. Atratividade da Carreira Docente. Disponível em: <http://www.fvc.org.br/pdf/Atratividade%20da%20Carreira%20Docente%20no%20Brasil%20FINAL.pdf>. Acesso em: 13/04/2011.

HALL, Stuart. *A identidade cultural na pós-modernidade*. 11. ed. Rio de Janeiro: DP&A, 2006.

INEP. Inep inicia pesquisa para saber como os formados estão no mercado de trabalho. 2/4/2011. Disponível em: <http://inep.gov.br/imprensa/noticias/edusuperior/enade/news11_03.htm>. Acesso em: 17/04/2011.

JESUS, Saul Neves. *Influência do professor sobre os alunos*. Lisboa: Edições ASA, 2000 (Coleção Cadernos Pedagógicos).

LUCKESI, Cipriano; BARRETO, Elói; COSMA, José; BAPTISTA, Naidison. *Fazer universidade: uma proposta metodológica*. São Paulo: Cortez, 1990.

MARTÍN-BARBERO, Jesús. Tecnicidades, identidades, alteridades: mudanças e opacidades da comunicação no novo século. In: MORAES, Dênis de (org.). *Sociedade midiatizada*. Rio de Janeiro: Mauad, 2006.

McLUHAN, Herbert Marshall. Visão, som e fúria. In: COSTA LIMA, Luiz. *Teoria da cultura de massa*. 4. ed. Rio de Janeiro: Paz e Terra, 1990.

MININNI, Giuseppe. *Psicologia cultural da mídia*. São Paulo: A Girafa/Edições SESC SP, 2008.

RANCIÈRE, Jacques. *O mestre ignorante: cinco lições sobre a emancipação intelectual*. Belo Horizonte: Autêntica, 2010.

SOARES, Ismar de Oliveira. *Educomunicação: o conceito, o profissional, a aplicação: contribuições para a reforma do ensino médio*. São Paulo: Paulinas, 2011.

Sobre os autores

Adilson Citelli

Professor titular do Departamento de Comunicações e Artes da ECA/USP, onde ministra cursos de graduação e pós-graduação. Orienta dissertações e teses nas áreas de Comunicação e Linguagem, com ênfase nas subáreas Comunicação/Educação, Comunicação/Linguagem. É coeditor da revista *Comunicação & Educação*. Autor de inúmeros artigos e livros. Pesquisador 1C do CNPq. Pela Editora Paulinas organizou, com Maria Cristina Castilho Costa, o volume: *Educomunicação. Construindo uma nova área de conhecimento*. E-mail: <citelli@uol.com.br>.

Ana Luisa Zaniboni Gomes

Jornalista, diretora de projetos da Oboré e doutoranda do Programa de Pós-graduação da ECA/USP. Autora dos livros *Tecendo redes no Brasil rural: a comunicação como ferramenta de desenvolvimento local (Núcleo de Estudos Agrários e Desenvolvimento Rural / Ministério do Desenvolvimento Agrário, 2003)* e *Na boca do rádio: o radialista e as políticas públicas* (Hucitec, 2007). E-mail: <analuisa@obore.com>.

Eliana Nagamini

Doutora em Ciências da Comunicação (ECA/USP). Mestre em Teoria Literária e Literatura Comparada (FFLCH/USP), docente na Fatec-São Paulo e na Faculdade Casper Líbero, em São Paulo. Autora dos capítulos "Televisão, publicidade e escola", do livro *Ensinar e aprender com textos não escolares* (Cortez, 2001), "O discurso da publicidade no contexto escolar: a construção de pequenos enredos", do livro *Outras linguagens na escola* (Cortez, 2003) e do volume *Literatura, televisão, escola: estratégias para leitura de adaptações* (Cortez, 2004). Todos os livros foram publicados na Coleção Aprender e ensinar com textos, coordenada por Adilson Citelli e Lígia Chiappini. E-mail: <ermaschi@uol.com.br>.

Elisangela Rodrigues da Costa

Graduada em Jornalismo e Pedagogia. Especialista em Globalização e Cultura pela Fundação de Sociologia e Política de São Paulo. Mestranda em Ciências da Comunicação na ECA-USP. Atualmente trabalha como coordenadora dos cursos de formação continuada e é docente na Secretaria Municipal de Educação de Barueri. E-mail: <lisacosta@usp.br>.

Helena Corazza

Jornalista, licenciada em Letras, mestre e doutoranda pela ECA/USP. Professora e coordenadora dos cursos Cultura e Meios de Comunicação do SEPAC-PUC-SP/Cogeae e Educação para a Comunicação, Leitura Crítica, em parceria com o Unisal. Autora de diversos livros, entre eles: *Comunicação e relações de gênero em práticas radiofônicas* (Paulinas, 2000). E-mail: helena.corazza@paulinas.com.br>.

Maria do Carmo Souza de Almeida

Mestre em Linguística Aplicada pela Unitau e doutoranda em Ciências da Comunicação na ECA-USP. Professora na Universidade de Taubaté. E-mail: <mcsalm@usp.br>.

Michel Carvalho da Silva

Mestrando em Ciências da Comunicação pela ECA/USP. Especialista em Comunicação Pública pela Universidade Gama Filho. Bacharel em Comunicação Social com habilitação em Jornalismo pela Universidade Católica de Santos. Atualmente trabalha na Universidade Federal de São Paulo - Campus Baixada Santista e é educador social na ONG Educafro/BS. E-mail: <michelcarvalho@usp.br>.

Rogério Pelizzari de Andrade

Graduado em Publicidade e Jornalismo, especialista em Gestão de Processos Comunicacionais pela ECA/USP e mestre em Ciência da Comunicação também pela ECA/USP. Atualmente trabalha na Secretaria Executiva de Comunicação da Prefeitura de São Paulo e é professor no ensino superior privado em São Paulo. E-mail: <rogerio.pa@uol.com.br>.

Sandra Pereira Falcão

Licenciada em Letras pela FFLCH–USP/FE-USP, especialista em Educação Profissional Integrada à Educação Básica de Jovens e Adultos, pelo IFSP (Instituto Federal de Educação, Ciência e Tecnologia de São Paulo), mestranda do Programa de Pós-graduação em Ciências da Comunicação (PPGCOM) da ECA-USP e professora da rede privada de ensino em São Paulo. E-mail: <sanfalcao@usp.br>.

Impresso na gráfica da
Pia Sociedade Filhas de São Paulo
Via Raposo Tavares, km 19,145
05577-300 - São Paulo, SP - Brasil - 2012